Contents

las asignaturas (school subjects) ----------------- 1

las bebidas (drinks) ----------------------------- 2

los bocadillos (sandwiches) ---------------------- 3

la cabeza (the head) ----------------------------- 4

el camping (camping) ----------------------------- 5

la casa (the house) ------------------------------ 6

la ciudad (the town / city) ---------------------- 7

los colores (colours) ---------------------------- 8

la comida (food) --------------------------------- 9

el cuerpo (the body) ----------------------------- 10

mi cumpleaños (my birthday) ---------------------- 11

el deporte (sport) ------------------------------- 12

los días de la semana (days of the week) --------- 13

el estuche (the pencil case) --------------------- 14

la familia (the family) -------------------------- 15

la fruta (fruit) --------------------------------- 16

la granja (the farm) ----------------------------- 17

los helados (ice creams) ------------------------- 18

la hora (the time) ------------------------------- 19

el hotel (the hotel) ----------------------------- 20

el jardín (the garden) --------------------------- 21

los juguetes (toys) -------------------------------- 22

al mar (at the seaside) ----------------------------- 23

las mascotas (pets) -------------------------------- 24

los meses del año (the months of the year) --------- 25

la música (music) ---------------------------------- 26

los números (numbers) ------------------------------ 27

mis pasatiempos (my hobbies) ----------------------- 28

la Pascua (Easter) --------------------------------- 29

los postres (desserts) ----------------------------- 30

los recuerdos (souvenirs) -------------------------- 31

los regalos (presents) ----------------------------- 32

la ropa (clothes) ---------------------------------- 33

los saludos (greetings) ---------------------------- 34

las tapas (tapas / bar snacks) --------------------- 35

el tiempo (weather) -------------------------------- 36

el transporte (transport) -------------------------- 37

los verbos (verbs) --------------------------------- 38

las verduras (vegetables) -------------------------- 39

el zoo (the zoo) ----------------------------------- 40

Answers -- 41

Spanish - English word lists ------------------- 45

Las asignaturas (school subjects)

M	H	E	Z	Y	K	W	H	E	S	P	A	Ñ	O	L	B	N	T
Ú	Q	P	E	M	A	O	R	U	W	E	P	S	A	M	Ó	S	G
S	W	G	H	R	J	C	E	N	T	H	É	S	A	I	Q	A	E
I	E	E	N	U	Z	C	B	R	Z	L	X	P	G	E	H	V	O
C	O	A	B	D	O	N	O	E	G	Z	D	I	I	F	I	W	G
A	Y	I	E	I	M	P	U	N	Q	I	L	A	Z	T	S	O	R
H	D	G	V	N	E	A	I	R	G	E	X	U	W	S	T	H	A
C	I	E	A	D	M	R	W	G	R	B	B	L	E	I	O	J	F
I	N	F	O	R	M	Á	T	I	C	A	Y	F	T	G	R	H	Í
C	K	I	Z	W	E	A	E	R	E	G	W	E	D	C	I	F	A
T	G	U	M	A	T	E	M	Á	T	I	C	A	S	A	A	V	E
P	W	P	S	Q	R	Y	V	V	C	I	E	N	C	I	A	S	Y

Busca estas palabras: (Look for these words:)

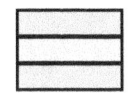 el ESPAÑOL

 el DIBUJO

 el DEPORTE

 el INGLÉS

 la HISTORIA

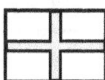 la RELIGIÓN

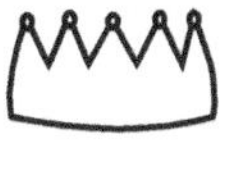

 la MÚSICA

 la GEOGRAFÍA

 la INFORMÁTICA

 las CIENCIAS

 las MATEMÁTICAS

In Spanish there are four different ways of saying our word "the" : el, la, los, las.
These words do not appear in the word searches.

Las bebidas (drinks)

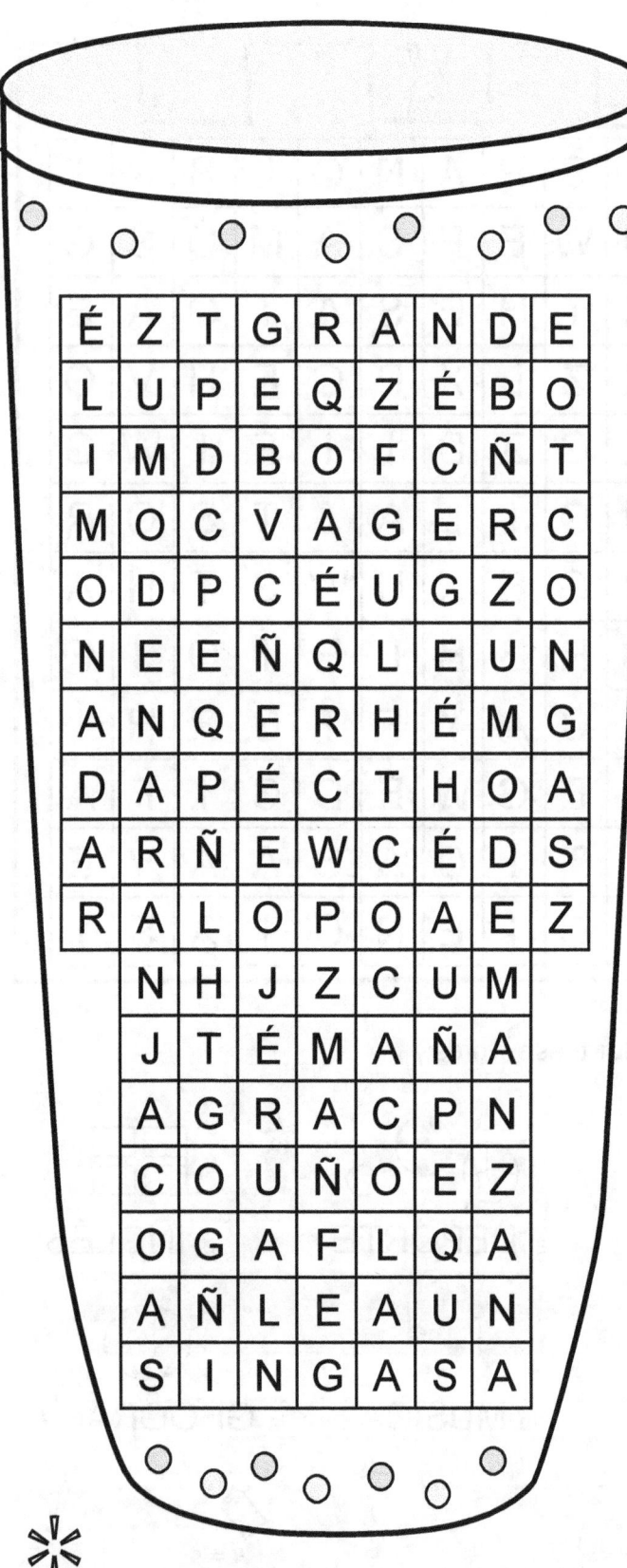

Busca estas palabras:
(Look for these words:)

 la LIMONADA

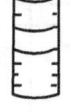 la COCA-COLA

 el AGUA

CON GAS

✗ SIN GAS

 la LECHE

 el ZUMO DE NARANJA

 el ZUMO DE MANZANA

 el CAFÉ

 el TÉ

☐ GRANDE

☐ PEQUEÑO

In Spanish there are four different ways of saying our word "the" : el, la, los, las.
These words do not appear in the word searches.

Los bocadillos (sandwiches)

Busca estas palabras: (Look for these words:)

el TOMATE
el JAMÓN DE YORK
el POLLO
el QUESO
el JAMÓN SERANO
el LOMO
la TORTILLA
la ENSALADA
la MANTEQUILLA
el BOCADILLO

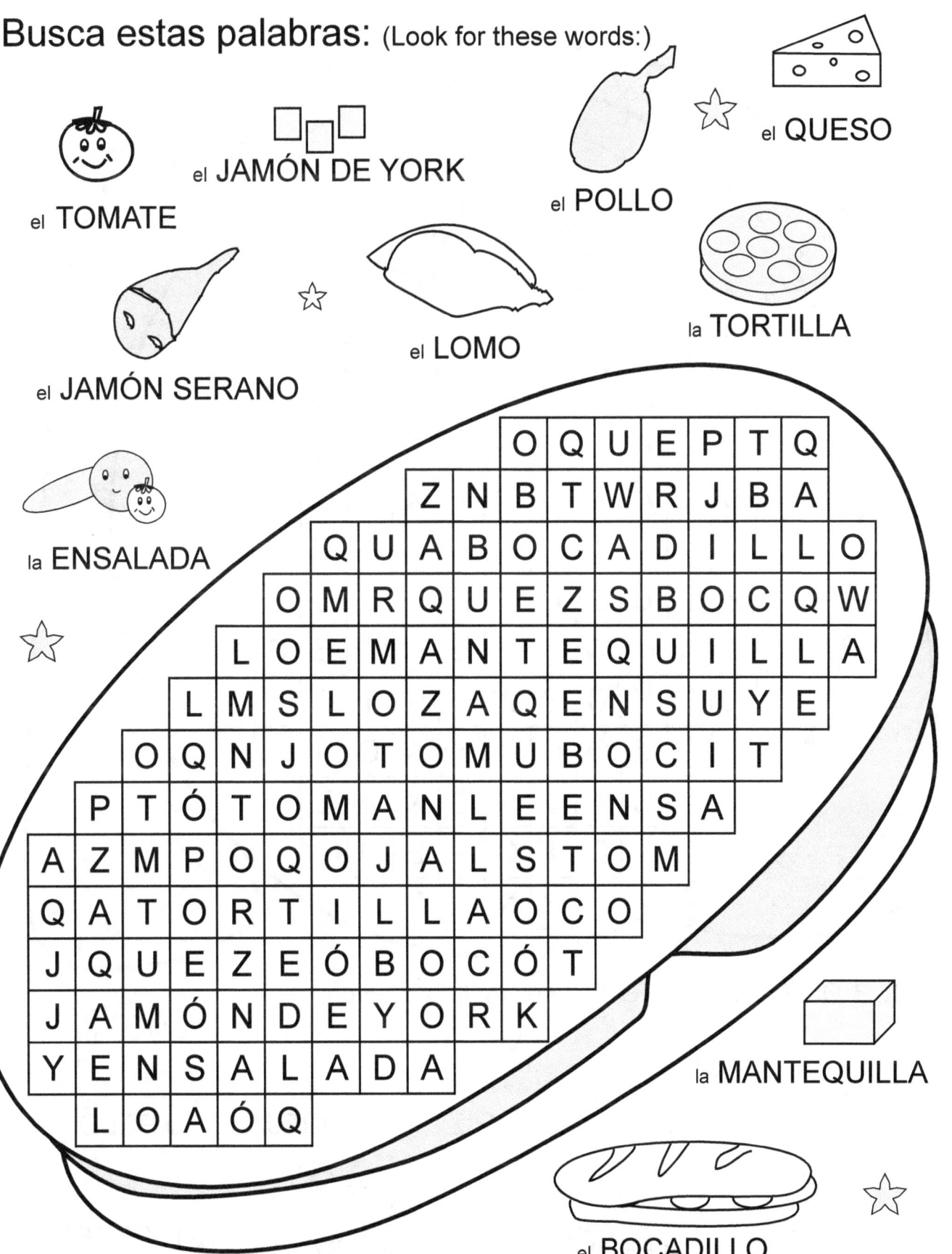

```
        O Q U E P T Q
      Z N B T W R J B A
    Q U A B O C A D I L L O
    O M R Q U E Z S B O C Q W
    L O E M A N T E Q U I L L A
    L M S L O Z A Q E N S U Y E
    O Q N J O T O M U B O C I T
    P T Ó T O M A N L E E N S A
    A Z M P O Q O J A L S T O M
    Q A T O R T I L L A O C O
    J Q U E Z E Ó B O C Ó T
    J A M Ó N D E Y O R K
    Y E N S A L A D A
    L O A Ó Q
```

In Spanish there are four different ways of saying our word "the" : el, la, los, las.
These words do not appear in the word searches.

La cabeza (the head)

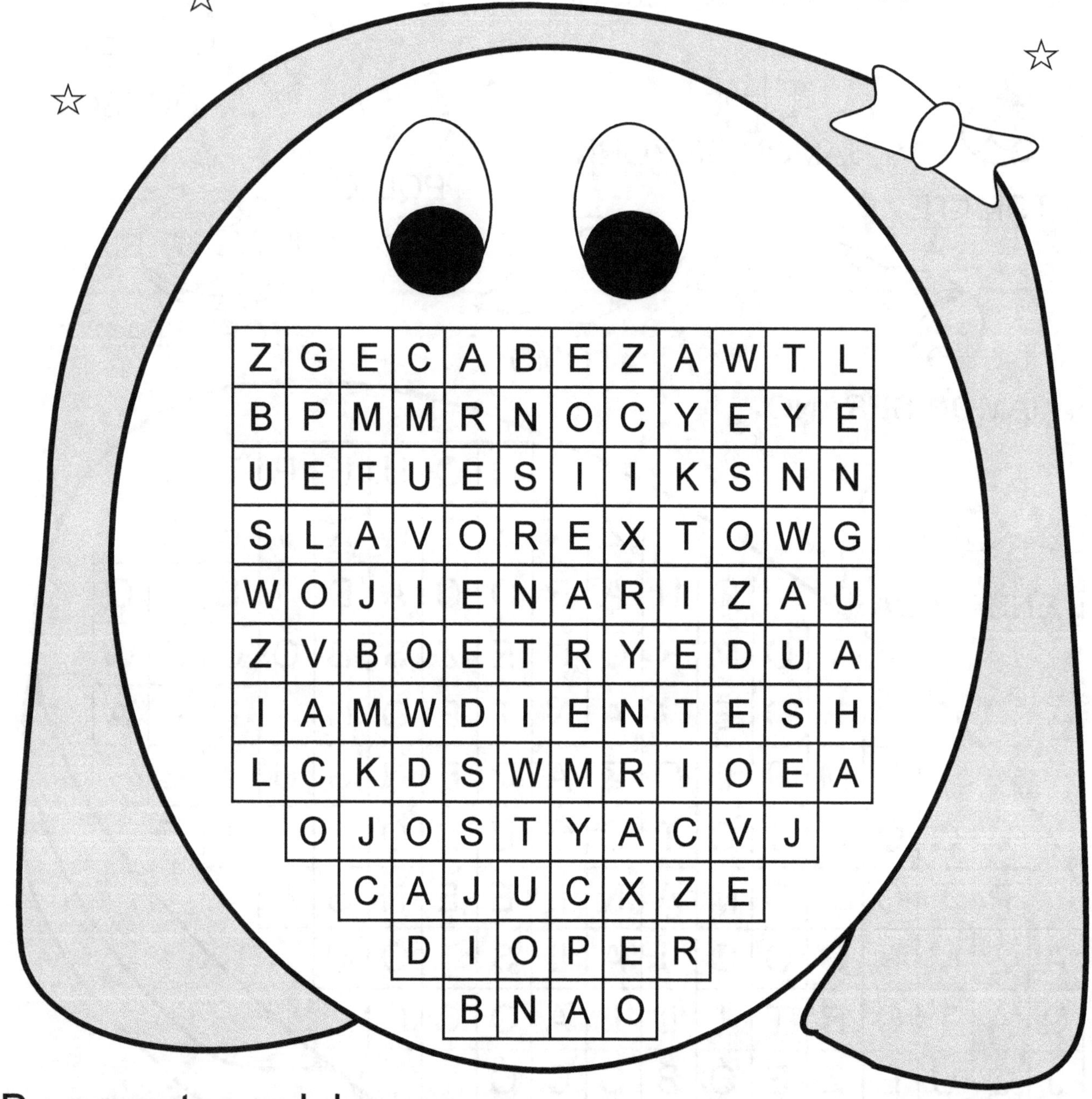

```
Z G E C A B E Z A W T L
B P M M R N O C Y E Y E
U E F U E S I I K S N N
S L A V O R E X T O W G
W O J I E N A R I Z A U
Z V B O E T R Y E D U A
I A M W D I E N T E S H
L C K D S W M R I O E A
  O J O S T Y A C V J
    C A J U C X Z E
    D I O P E R
    B N A O
```

Busca estas palabras: (Look for these words:)

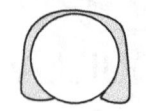 la CABEZA    los OJOS    la NARIZ    la OREJA   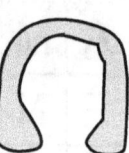 el PELO

 la BOCA     la LENGUA   los LABIOS     los DIENTES

In Spanish there are four different ways of saying "the" : el, la, los, las.
These words do not appear in the word searches.

El camping (the campsite)

```
            R Í O
          H J K W A
        C A M P I N G
      S V G J L W G D M I Z
    P B E S U P E R M E R C A D O
    I K R J N R S Y T A Y Q G T D
    S E V K I Z Q E J E R E A W U
    C M I G U R F N Z M W U M H C
    I Q C W P S A R Y V G M X X H
    N B I X C R W R R A F Y A E A
    A P O Y G R E T X C B N M X S
    X S S J Z Z C A R A V A N A G
    T I E N D A D E C A M P A Ñ A
```

Busca estas palabras: (Look for these words:)

- las DUCHAS
- la PISCINA
- la GRANJA
- el CAMPING
- los SERVICIOS
- el RÍO
- el AGUA
- la TIENDA DE CAMPAÑA
- la CARAVANA
- el SUPERMERCADO

In Spanish there are four different ways of saying our word "the" : el, la, los, las.
These words do not appear in the word searches.

La casa (the house)

Busca estas palabras: (Look for these words:)

la CASA　　la COCINA　　el SALÓN　　el COMEDOR

el DORMITORIO　　el CUARTO DE BAÑO

el PISO　　el BALCÓN　　el GARAJE　　el JARDÍN

D	O	R	N	B	G	E	D	O	R	M	I	T	O	R	I	O	A
T	S	M	A	W	G	A	H	Q	R	H	Z	L	U	E	Z	Y	C
B	A	S	C	B	A	L	C	Ó	N	L	O	K	J	L	P	H	O
Z	L	K	W	H	Z	B	A	R	O	I	Y	A	G	T	W	J	C
E	Ó	A	B	O	U	S	O	P	N	A	R	E	S	J	E	K	I
H	N	K	S	E	A	J	H	K	S	A	H	Q	E	D	G	O	N
N	X	I	C	C	B	Z	I	X	G	U	E	V	N	T	W	Z	A
J	P	O	N	W	C	U	A	R	T	O	D	E	B	A	Ñ	O	Q
E	I	J	A	R	D	Í	N	P	A	Z	T	I	O	N	M	T	B
V	N	A	A	U	R	G	F	X	C	O	M	E	D	O	R	Y	A

In Spanish there are four different ways of saying our word "the" : el, la, los, las.
These words do not appear in the word searches.

La ciudad (the town / city)

T	N	Y	C	A	F	E	T	E	R	Í	A	C	T	I	R	F	T
P	B	A	R	O	I	Y	B	G	A	W	J	B	H	O	T	E	L
A	W	V	P	N	Q	M	E	Y	J	E	O	S	S	B	Q	C	H
R	J	H	K	S	O	H	A	E	D	E	O	B	P	V	M	A	S
Q	Z	I	X	C	U	L	E	E	S	W	Z	E	I	T	U	S	G
U	M	Z	N	A	P	F	U	U	C	H	X	Q	S	N	S	T	C
E	O	A	P	A	Z	T	M	O	N	M	T	B	C	M	D	I	B
R	B	F	X	U	W	S	A	H	J	M	Y	A	I	A	G	L	E
G	B	B	B	L	E	I	D	N	N	Y	Q	L	N	X	R	L	M
R	E	S	T	A	U	R	A	N	T	E	E	C	A	A	I	O	A
R	E	G	B	A	N	C	Y	F	T	E	C	A	F	W	G	Z	L
C	A	F	H	D	S	U	P	E	R	M	E	R	C	A	D	O	E

Busca estas palabras: (Look for these words:)

 la PISCINA

 el BANCO

la PLAYA

 la CAFETERÍA

 el RESTAURANTE

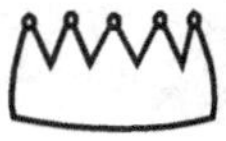

 el MUSEO

 el CASTILLO

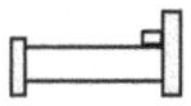

el HOTEL

 el PARQUE

 el SUPERMERCADO

In Spanish there are four different ways of saying our word "the" : el, la, los, las.
These words do not appear in the word searches.

Los colores (colours)

Busca estas palabras: (Look for these words:)

 VERDE AMARILLO ROJO NEGRO LILA ROSA

GRIS NARANJA MARRÓN BLANCO AZUL

V	E	R	D	E	X	U	W	S	A	H	J	M	Y	A	E	O
R	U	G	B	Q	V	L	B	L	A	N	C	O	Q	L	J	X
M	N	D	Q	G	Y	F	T	G	J	H	L	Z	E	O	V	A
A	E	R	E	G	W	A	D	C	E	F	T	E	R	A	H	W
Z	G	W	T	M	L	D	O	A	V	Q	E	D	T	H	B	F
Y	R	Y	M	I	X	R	Y	P	M	A	R	R	Ó	N	B	Z
R	O	F	L	A	E	H	N	U	Y	R	V	Q	F	A	R	A
X	Q	B	N	M	N	A	R	A	N	J	A	D	S	Q	E	A
T	T	M	J	B	Z	G	E	R	B	B	I	O	R	W	T	Z
G	R	I	S	B	B	O	M	M	R	N	R	C	Y	E	B	U
W	F	G	K	K	U	S	F	U	E	H	I	I	K	S	N	L
N	T	R	O	N	A	M	A	R	I	L	L	O	T	O	W	M

In Spanish there are four different ways of saying our word "the" : el, la, los, las.
These words do not appear in the word searches.

La comida (food)

P	A	T	A	T	A	S	F	R	I	T	A	S			
S	A	L	C	Q	U	E	T	A	E	X	X	R			
P	X	P	O	L	L	O	D	F	N	A	Q	H			Z
P	Y	A	V	P	A	S	T	A	S	M	U	P	E	P	V
E	C	R	R	N	Q	T	S	M	A	B	E	G	Q	V	E
S	B	R	D	V	R	A	R	F	L	B	S	V	U	N	R
C	E	O	U	R	R	W	F	N	A	K	O	S	R	S	D
A	S	Z	C	U	N	N	A	R	D	N	S	A	P	A	Z
D	Y	R	D	O	R	P	T	F	A	S	C	L	A	L	Q
O	Z	R	Q	N	M	S	F	Q	A	T	A	V			P
Z	E	F	S	A	L	C	H	I	C	H	A	S			
V	C	P	A	T	A	T	A	S	T	B	I	C			

Busca estas palabras: (Look for these words:)

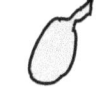

el POLLO

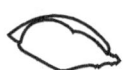

la CARNE

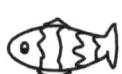

el PESCADO

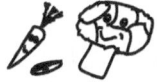

las VERDURAS

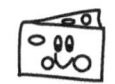

el QUESO

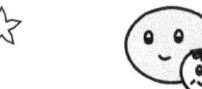

la ENSALADA

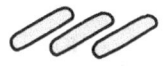

las SALCHICHAS

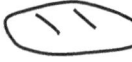

el PAN

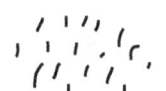

el ARROZ

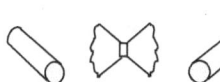

la PASTA

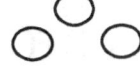

las PATATAS

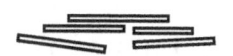

las PATATAS FRITAS

In Spanish there are four different ways of saying our word "the" : el, la, los, las.
These words do not appear in the word searches.

El cuerpo (the body)

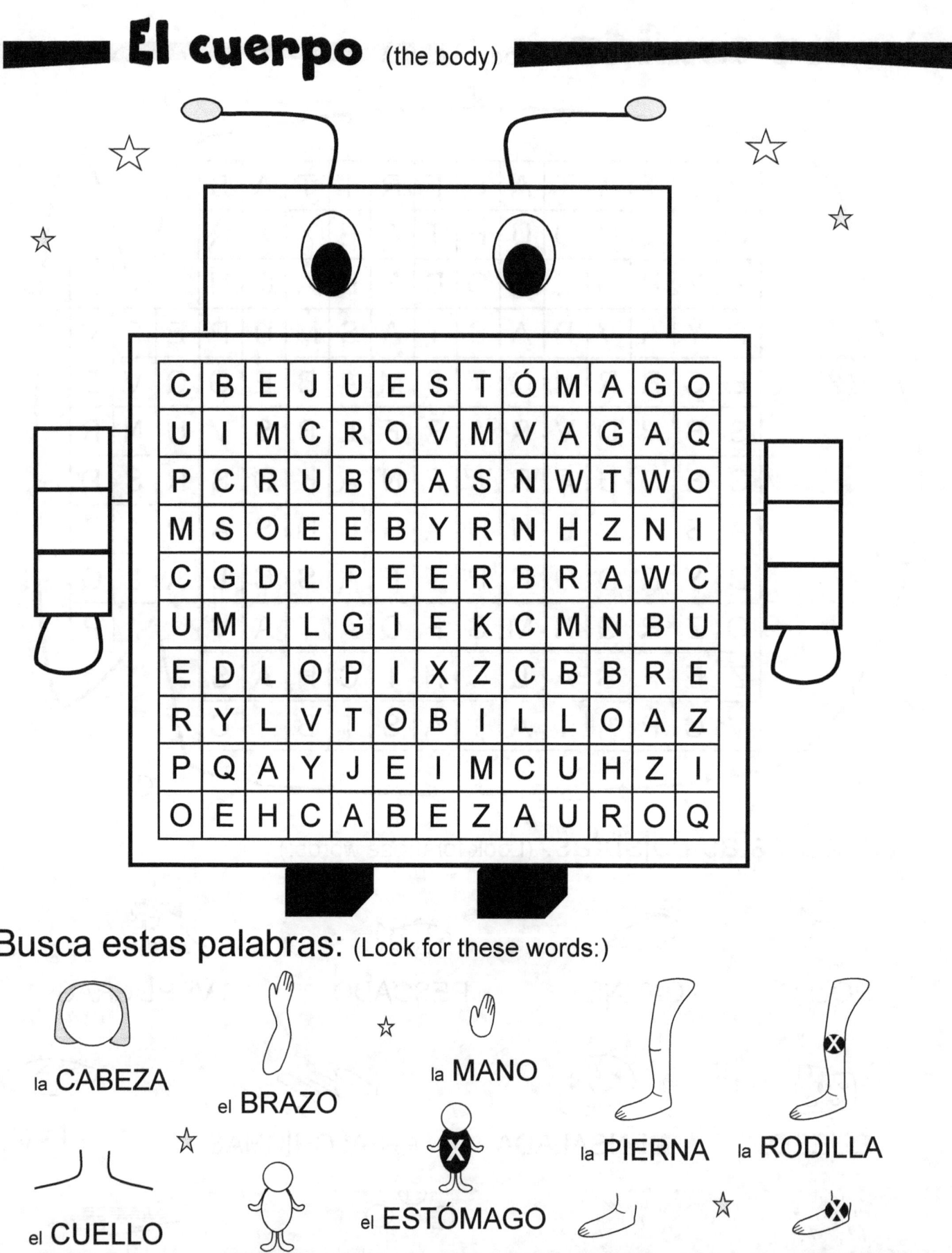

Busca estas palabras: (Look for these words:)

la CABEZA
el BRAZO
la MANO
la PIERNA
la RODILLA
el CUELLO
el CUERPO
el ESTÓMAGO
el PIE
el TOBILLO

In Spanish there are four different ways of saying our word "the" : el, la, los, las.
These words do not appear in the word searches.

Mi cumpleaños (my birthday)

```
J N C A R A M E L O S F T
K I Z Q E A C U M P W E D
P A T A T A S F R I T A S
T A S Q R Y V F I E X R Y
X C U M P L E A Ñ O S W A
R D R E T X C B N A X T M
E Z G G A T T M Z B S G Ú
G C L V T R R Z C E B L S
A U O R A Q I V I Y A O I
L V B R R P T F O N S R C
O R O J T M T G L O N C A
S Q S W A J T A R J E T A
```

Busca estas palabras: (Look for these words:)

la TARTA la FIESTA la PIZZA los CARAMELOS

la MÚSICA los GLOBOS los REGALOS

la TARJETA las PATATAS FRITAS el CUMPLEAÑOS

In Spanish there are four different ways of saying our word "the" : el, la, los, las.
These words do not appear in the word searches.

El deporte (sport)

Busca estas palabras:
(Look for these words:)

```
        N S M I Ó Y
      T I F Ú T B K Z
    R N B A L G C I C L
  C E N L O U A V D I Q M
  T L U I R Y B B A U G I
  B A L O N C E S T O F N
  Y N G T W J B M O W M I
  Q A P I N G P O N G D G
  H T E D G O B I V Z N O
  E A E B Á Z C I C R H L
  F C G C H X Q R U A M F
  Q I P I V T B M M D R B
  S Ó H J C I C L I S M O
  V N P N Y Q L Y X R Q M
    B Á D M I N T O N W
      N A T R U Q Z I
        F Ú T B O L
```

el MINI GOLF

el FÚTBOL

el TENIS

el RUGBY

el CICLISMO

la NATACIÓN

el PING PONG

el BÁDMINTON

el BALONCESTO

In Spanish there are four different ways of saying our word "the" : el, la, los, las.
These words do not appear in the word searches.

Los días de la semana (days of the week)

Busca estas palabras:
(Look for these words:)

LUNES

MARTES

MIÉRCOLES

JUEVES

VIERNES

SÁBADO

DOMINGO

DÍA

SEMANA

In Spanish there are four different ways of saying our word "the" : el, la, los, las.
These words do not appear in the word searches.

El estuche (the pencil case)

Busca estas palabras: (Look for these words:)

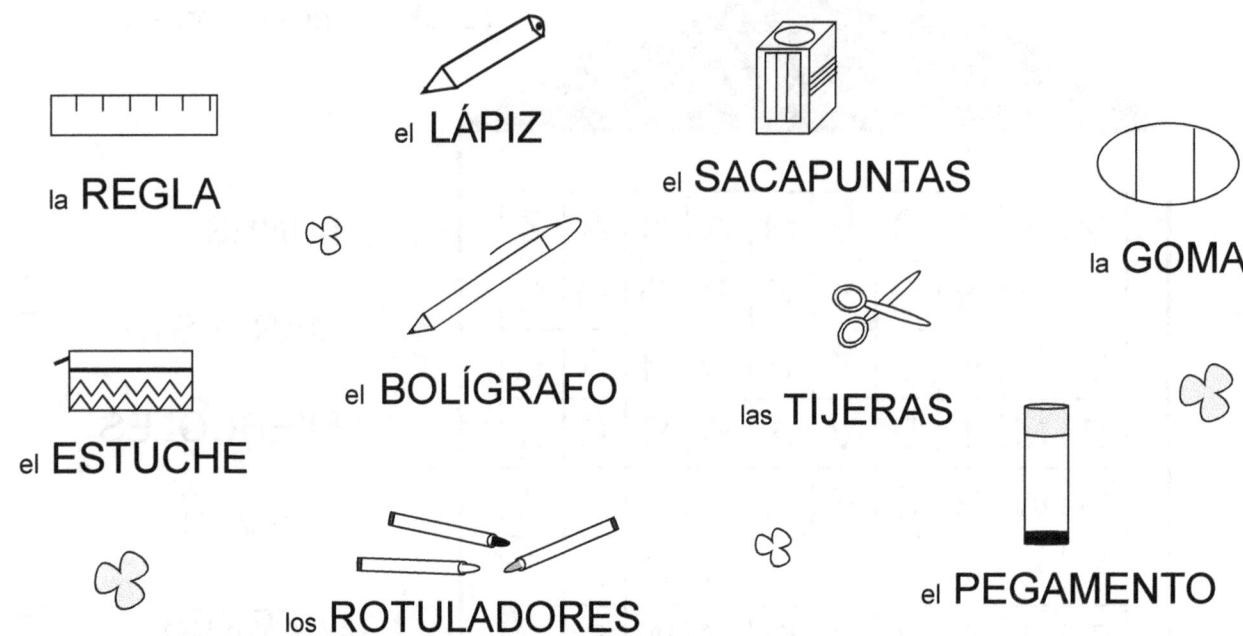

- la REGLA
- el LÁPIZ
- el SACAPUNTAS
- la GOMA
- el ESTUCHE
- el BOLÍGRAFO
- las TIJERAS
- los ROTULADORES
- el PEGAMENTO

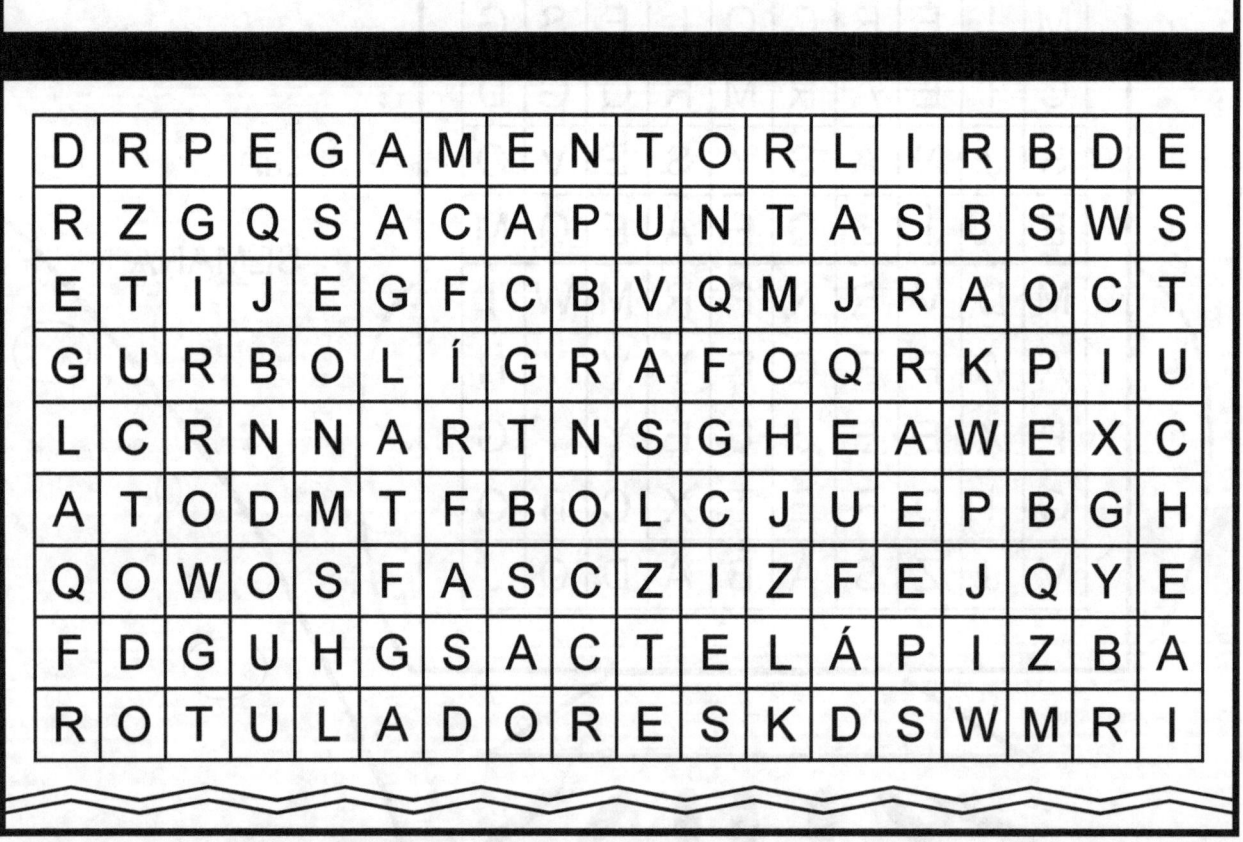

In Spanish there are four different ways of saying our word "the": el, la, los, las. These words do not appear in the word searches.

La familia (the family)

Busca estas palabras:
(Look for these words:)

- la ABUELA
- al ABUELO
- la MADRE
- el PADRE
- la HERMANA
- el HERMANO
- la TÍA
- el TÍO
- la PRIMA
- el PRIMO
- la FAMILIA

L	F	A	M	I	L	I	A	B
M	S	G	H	M	E	Z	Y	K
A	G	M	A	D	R	E	M	A
B	M	D	W	S	A	H	P	K
U	D	Y	I	M	P	N	R	Z
E	Y	R	I	E	A	J	I	O
L	A	R	Y	G	D	E	M	H
O	P	H	O	Z	R	V	O	E
T	B	Í	Q	V	E	A	R	R
Y	T	V	J	N	N	R	S	M
U	E	C	K	T	Í	A	W	A
A	B	U	E	L	A	R	F	N
E	Q	P	W	N	P	S	Q	O
U	H	E	R	M	A	N	A	R

In Spanish there are four different ways of saying our word "the" : el, la, los, las.
These words do not appear in the word searches.

La fruta (fruit)

```
Z W T A E R E G F R E S A F T
P F K I W I T M H K O A A P Q
N E Q R P L A M Ó X N A R A L Y N
A Y W M R D F Y A E H N U Y Á F A
P A U E X C N A R A N J A K T B R
E Z G L T T M J B P L A T Ó A I A
R D V Ó C Y A C I B W M N R N O K
A U R N W Z G K A U S Ó U E O I M
F C R O E T R V N S M A V G R A A
R T O R M T U Ó P I C H U Q T B N
E O E M S F A S L Z Ó Z O U T R Z
C L E Ó I K C E R E M R A Ó R
M A N Z A N A P W F R E W
```

Busca estas palabras: (Look for these words:)

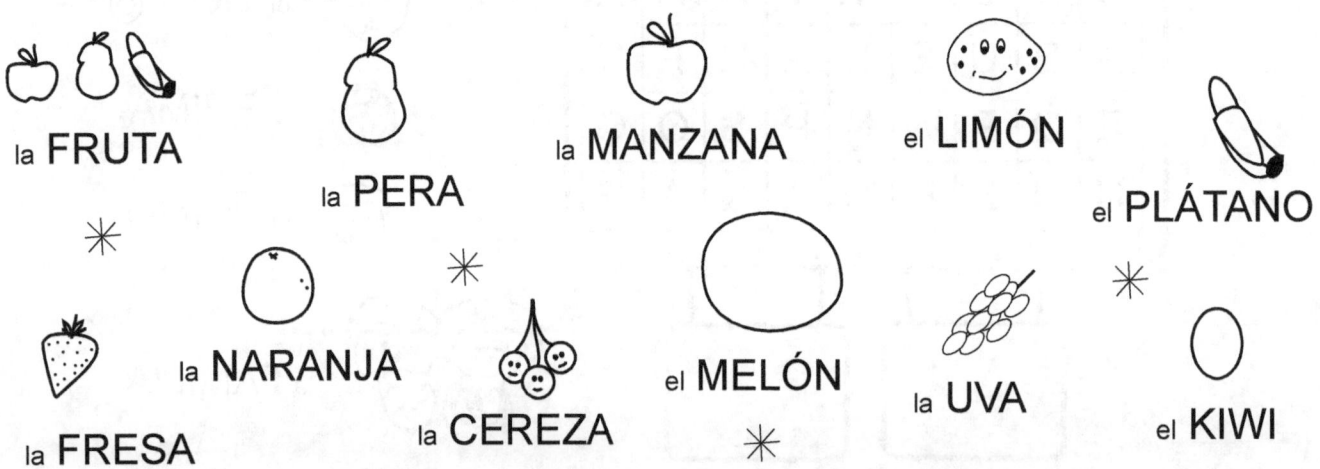

la FRUTA la PERA la MANZANA el LIMÓN el PLÁTANO
la FRESA la NARANJA la CEREZA el MELÓN la UVA el KIWI

In Spanish there are four different ways of saying our word "the" : el, la, los, las.
These words do not appear in the word searches.

La granja (the farm)

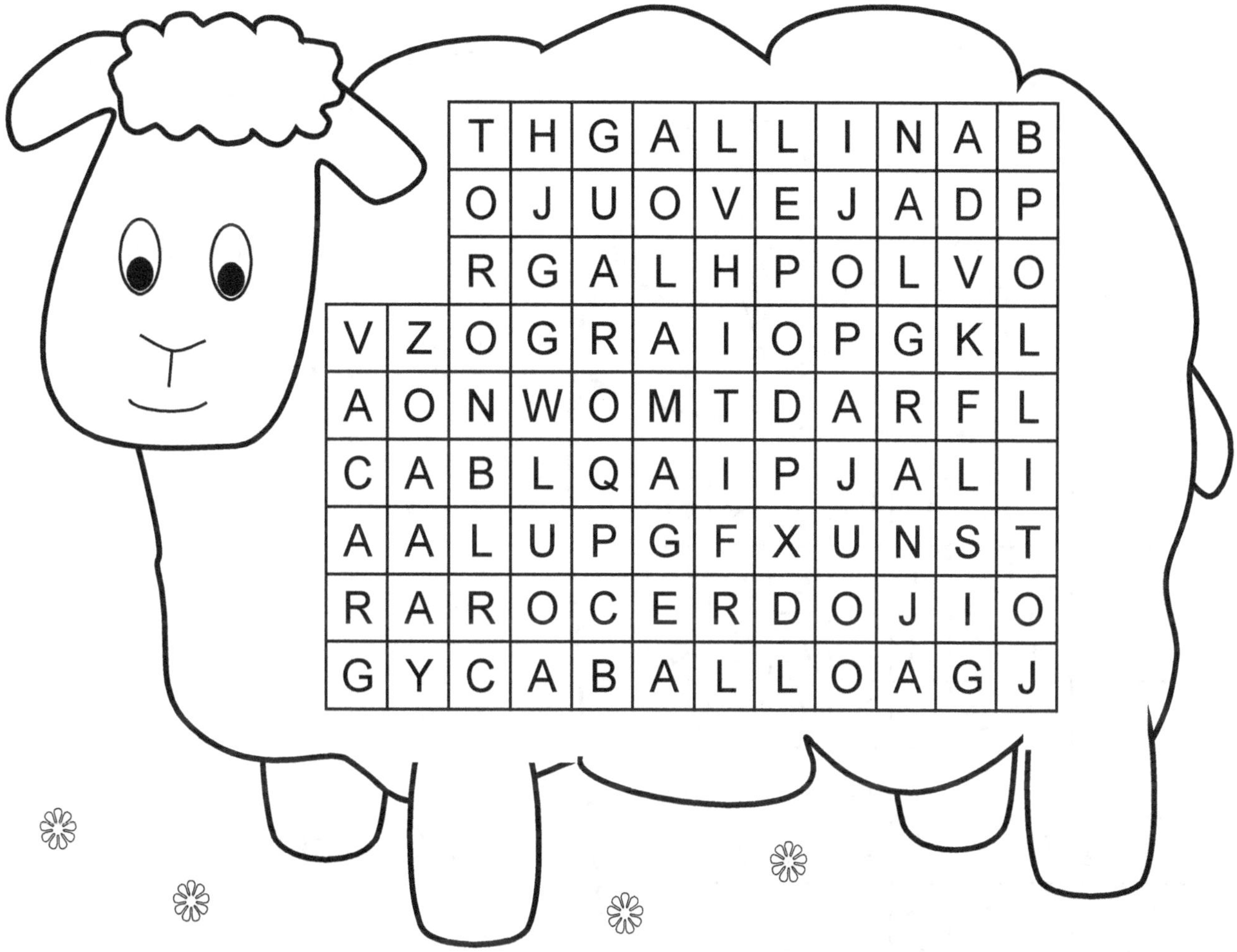

```
T H G A L L I N A B
O J U O V E J A D P
R G A L H P O L V O
V Z O G R A I O P G K L
A O N W O M T D A R F L
C A B L Q A I P J A L I
A A L U P G F X U N S T
R A R O C E R D O J I O
G Y C A B A L L O A G J
```

Busca estas palabras: (Look for these words:)

el TORO   la VACA   el CABALLO   la OVEJA   el CERDO

el PATO   la GRANJA   la GALLINA   el GALLO   el POLLITO

In Spanish there are four different ways of saying our word "the" : el, la, los, las.
These words do not appear in the word searches.

Los helados (ice creams)

Busca estas palabras:
(Look for these words:)

- los HELADOS
- FRESA
- LIMÓN
- CAFÉ
- COCO
- MENTA
- VAINILLA
- CHOCOLATE
- CARAMELO
- PLÁTANO

In Spanish there are four different ways of saying our word "the" : el, la, los, las.
These words do not appear in the word searches.

La hora (the time)

Busca estas palabras:
(Look for these words:)

1:00	A la	UNA
2:00	A las	DOS
3:00	A las	TRES
4:00	A las	CUATRO
5:00	A las	CINCO
6:00	A las	SEIS
7:00	A las	SIETE
8:00	A las	OCHO
9:00	A las	NUEVE
10:00	A las	DIEZ
11:00	A las	ONCE
12:00	A las	DOCE

Y CUARTO (quarter past)

Y MEDIA (half past)

U	N	A	Y	E	M	Z	E
I	M	D	U	P	O	C	P
O	A	O	V	R	O	F	X
N	M	S	U	D	E	C	B
C	Y	M	W	T	R	E	S
E	E	C	U	A	T	R	O
F	P	Z	M	O	Q	M	H
Q	R	Y	C	Y	M	X	X
W	R	N	D	S	E	I	S
E	I	X	C	B	N	M	O
C	R	S	T	M	J	H	Z
Y	T	I	A	F	C	B	A
C	C	E	F	O	K	N	U
U	N	T	T	R	Z	U	S
A	D	E	T	E	R	E	N
R	M	S	I	A	S	V	Z
T	K	D	G	A	L	E	I
O	Q	Y	M	E	D	I	A

At one o'clock in Spanish is **a la una**. Uno is the number one in Spanish, but for time uno chages to una. To say the other times, the Spanish say **a las** + the number for the hour. In the word search **a la** or **a las** do not appear.

El hotel (the hotel)

HOTEL

R	E	C	H	A	H	O	T	E	L
E	S	C	A	L	E	R	A	S	G
G	C	L	P	Q	H	P	I	S	C
O	R	E	C	E	P	C	I	Ó	N
H	J	L	Y	A	S	C	D	A	E
R	N	L	Q	R	E	S	N	P	M
E	L	A	E	S	C	I	I	A	A
S	T	V	H	A	C	W	G	S	L
T	E	E	R	S	B	F	S	C	E
A	Y	B	I	Z	B	A	C	E	O
U	F	P	F	N	H	S	W	N	B
R	B	D	P	C	E	E	O	S	S
A	I	W	U	W	T	R	B	O	U
N	Q	D	Y	H	A	B	S	R	T
T	S	E	R	V	I	C	I	O	S
E	E	X	T	O	W	M	O	E	R
H	A	B	I	T	A	C	I	Ó	N

Busca estas palabras:
(Look for these words:)

 el HOTEL

 la LLAVE

 la RECEPCIÓN

 el ASCENSOR

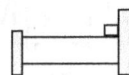 la HABITACIÓN

 el RESTAURANTE

 la PISCINA

 las DUCHAS

 los SERVICIOS

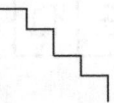 las ESCALERAS

In Spanish there are four different ways of saying our word "the" : el, la, los, las. These words do not appear in the word searches.

El jardín (the garden)

```
      N U B E                    L F R N
    V R M A R I                O R U Ó T J
F E F L O R E S            S T I L F T A V
Z R O I Y B G T W J B M A W V T R E
M A R I P O S A E K S B P Q E H D R
F S A R B Z K L F L O I N Z P S Y D
R Z S Q E T M A V E R H U R Á Q K U
U M J P Á J T C B A L H B R J C F R
Z A F Z T U O Y M N U B B D A B L A
M R U W R A H J M Y A E A D R E O S
K I Q F I J A R D Í N Y L L O M Z E
    P F S O J H L        U H S I I A P
    Á R B O L            H K G Z L
```

Busca estas palabras: (Look for these words:)

el JARDÍN

el SOL

la NUBE

la MARIPOSA

el ÁRBOL

las FLORES

la FRUTA

las VERDURAS

el BALÓN

el PÁJARO

In Spanish there are four different ways of saying our word "the" : el, la, los, las.
These words do not appear in the word searches.

Los juguetes (toys)

Busca estas palabras: (Look for these words:)

el COCHE
el TREN
el ROBOT
el BARCO
la MUÑECA
los JUGUETES
el DADO
las CARTAS
el BALÓN
el OSITO DE PELUCHE

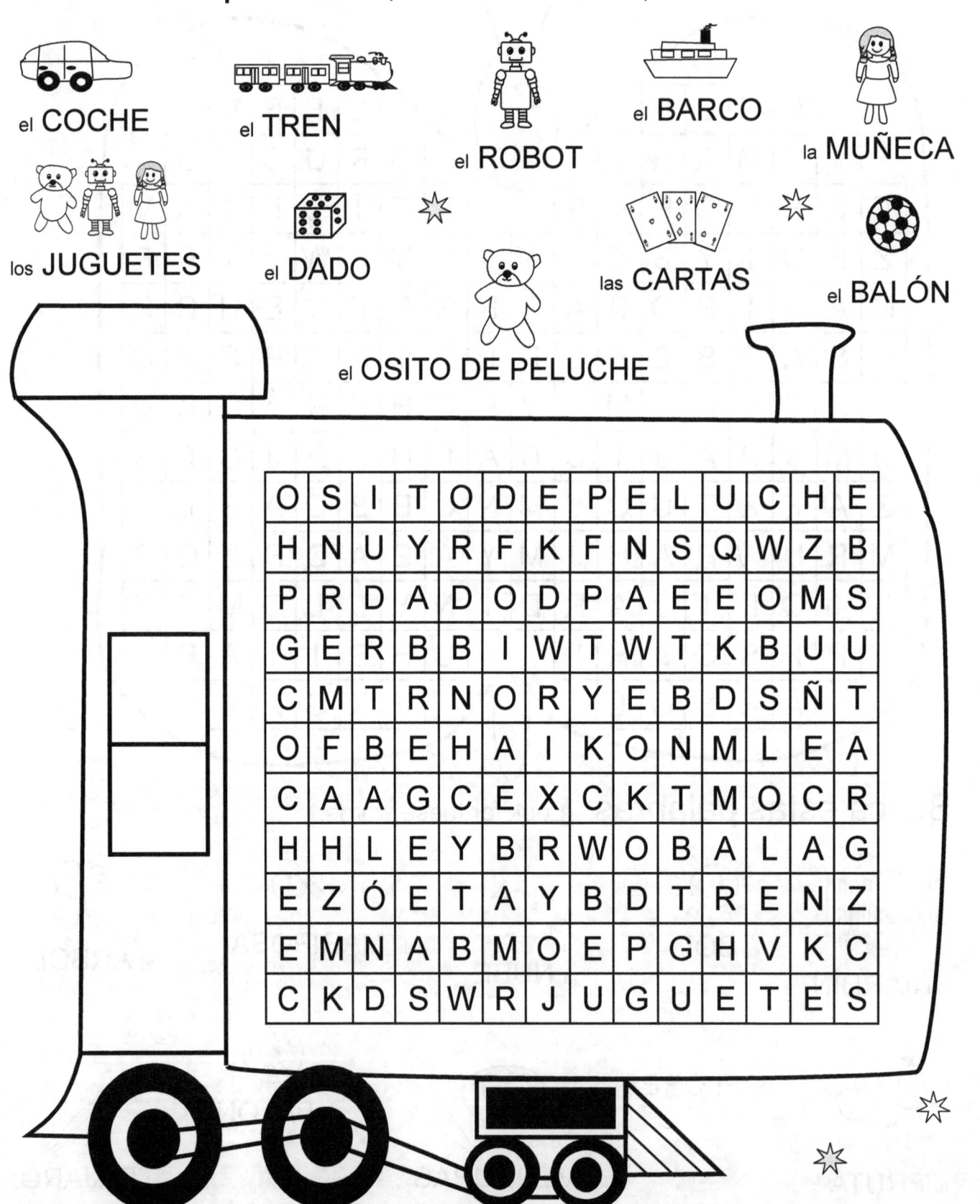

O	S	I	T	O	D	E	P	E	L	U	C	H	E
H	N	U	Y	R	F	K	F	N	S	Q	W	Z	B
P	R	D	A	D	O	D	P	A	E	E	O	M	S
G	E	R	B	B	I	W	T	W	T	K	B	U	U
C	M	T	R	N	O	R	Y	E	B	D	S	Ñ	T
O	F	B	E	H	A	I	K	O	N	M	L	E	A
C	A	A	G	C	E	X	C	K	T	M	O	C	R
H	H	L	E	Y	B	R	W	O	B	A	L	A	G
E	Z	Ó	E	T	A	Y	B	D	T	R	E	N	Z
E	M	N	A	B	M	O	E	P	G	H	V	K	C
C	K	D	S	W	R	J	U	G	U	E	T	E	S

In Spanish there are four different ways of saying our word "the" : el, la, los, las.
These words do not appear in the word searches.

Al mar (at the seaside)

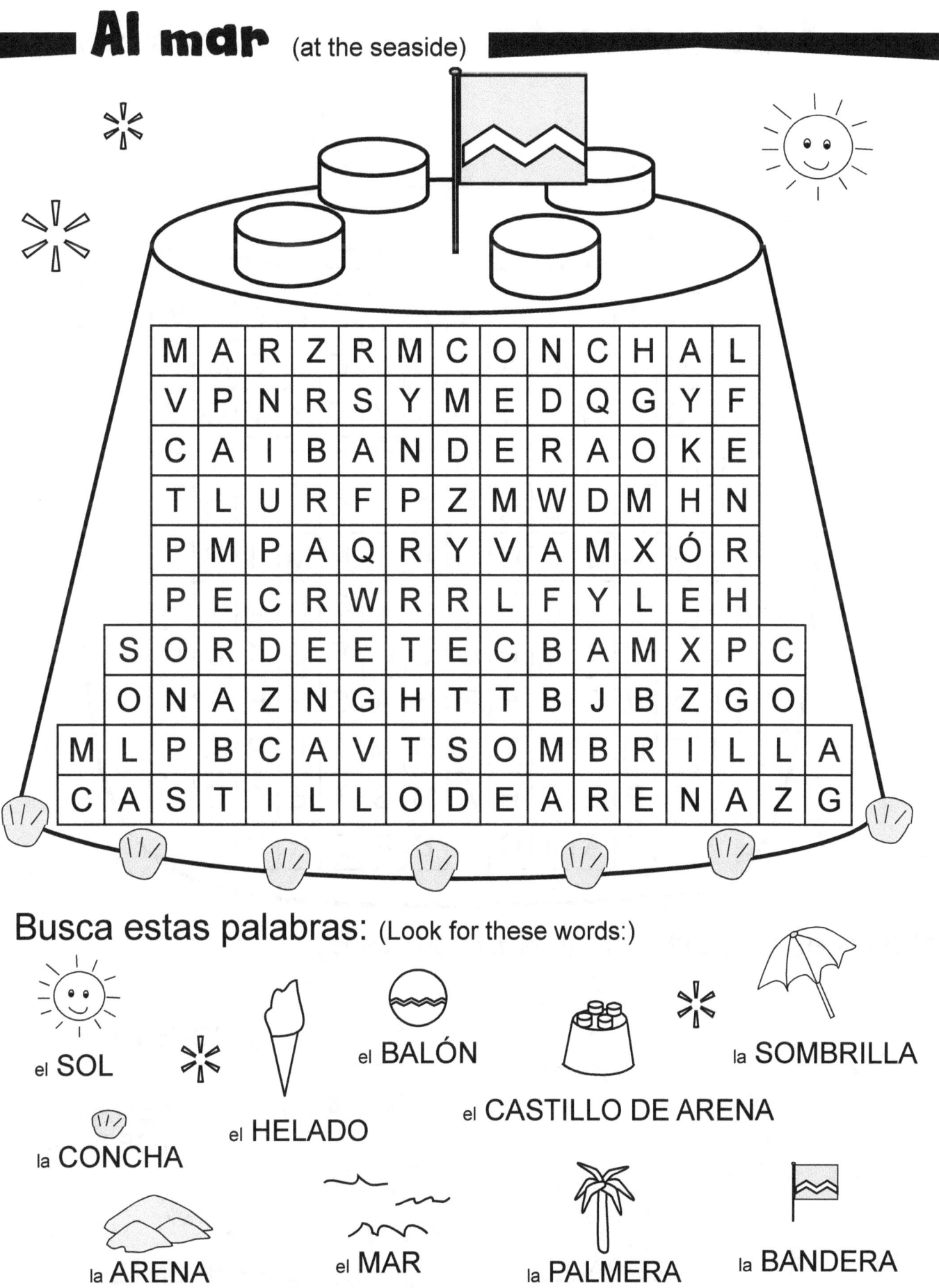

Busca estas palabras: (Look for these words:)

- el SOL
- la CONCHA
- el HELADO
- el BALÓN
- el CASTILLO DE ARENA
- la SOMBRILLA
- la ARENA
- el MAR
- la PALMERA
- la BANDERA

In Spanish there are four different ways of saying our word "the" : el, la, los, las.
These words do not appear in the word searches.

Las mascotas (pets)

```
G A T O I P K E A E R E G W
P M T G U Á C O N E J O M N
E S P W P J Q R Y V V Y M Ó Z
U E P X C A W R R D F T T E
K R K Y D R E T X C A W O X
X P N J Z O G A T R M J R Z
C I P C A B A L L O H C T A
Y E C E U U O C W F G K U U
I N V S V R R H Á C P H G A
J T M Y R T O D M T F R A Z
E R E G H Á M S T E R E
P A J C A B P E R P
```

Busca estas palabras: (Look for these words:)

 el PEZ

 el PERRO

 el PÁJARO

 el CONEJO

el GATO

la TORTUGA

el HÁMSTER

el CABALLO

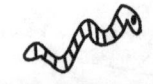 el RATÓN

 la SERPIENTE

In Spanish there are four different ways of saying our word "the" : el, la, los, las.
These words do not appear in the word searches.

Los meses del año (the months of the year)

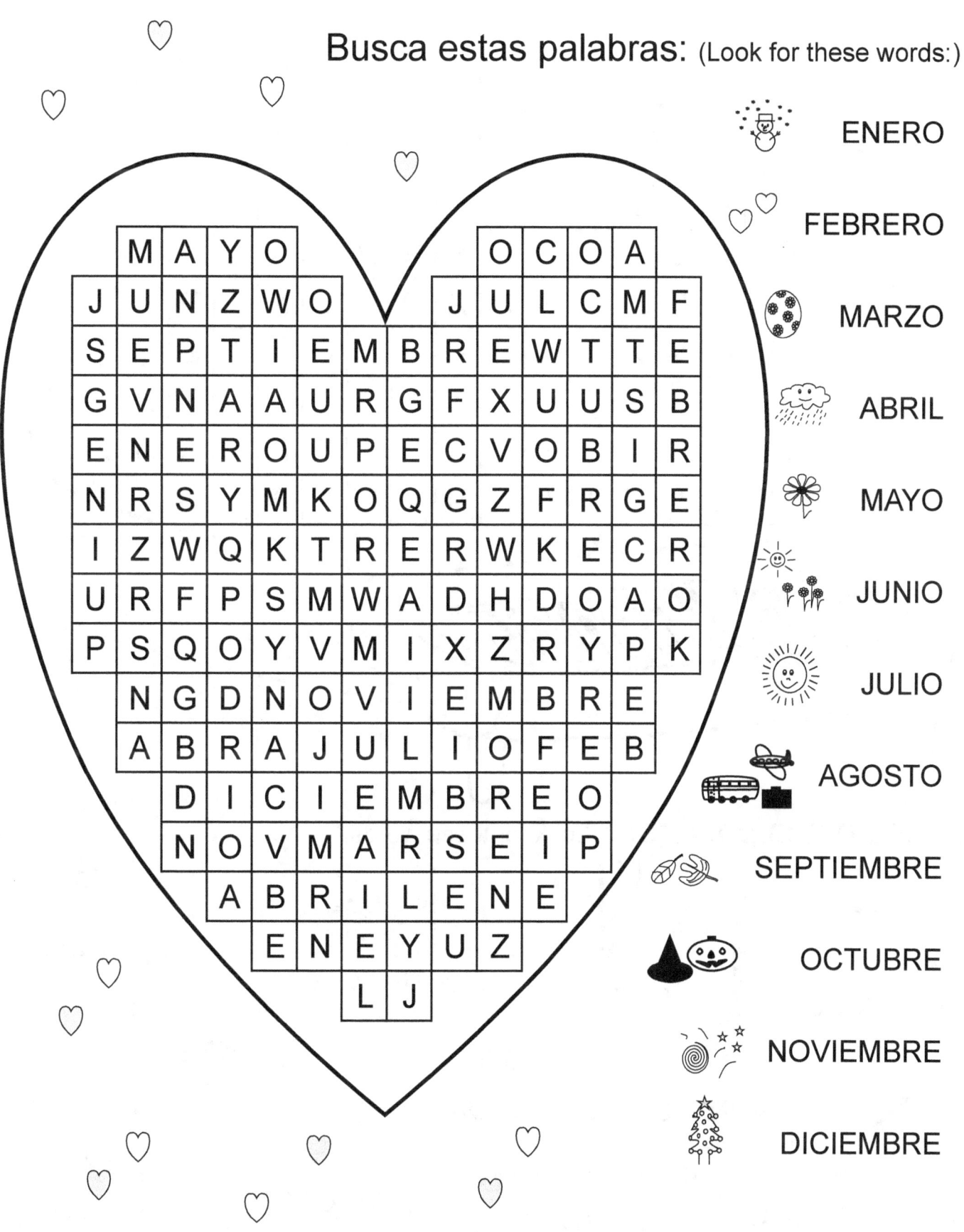

Busca estas palabras: (Look for these words:)

- ENERO
- FEBRERO
- MARZO
- ABRIL
- MAYO
- JUNIO
- JULIO
- AGOSTO
- SEPTIEMBRE
- OCTUBRE
- NOVIEMBRE
- DICIEMBRE

In Spanish there are four different ways of saying our word "the" : el, la, los, las.
These words do not appear in the word searches.

La música (music)

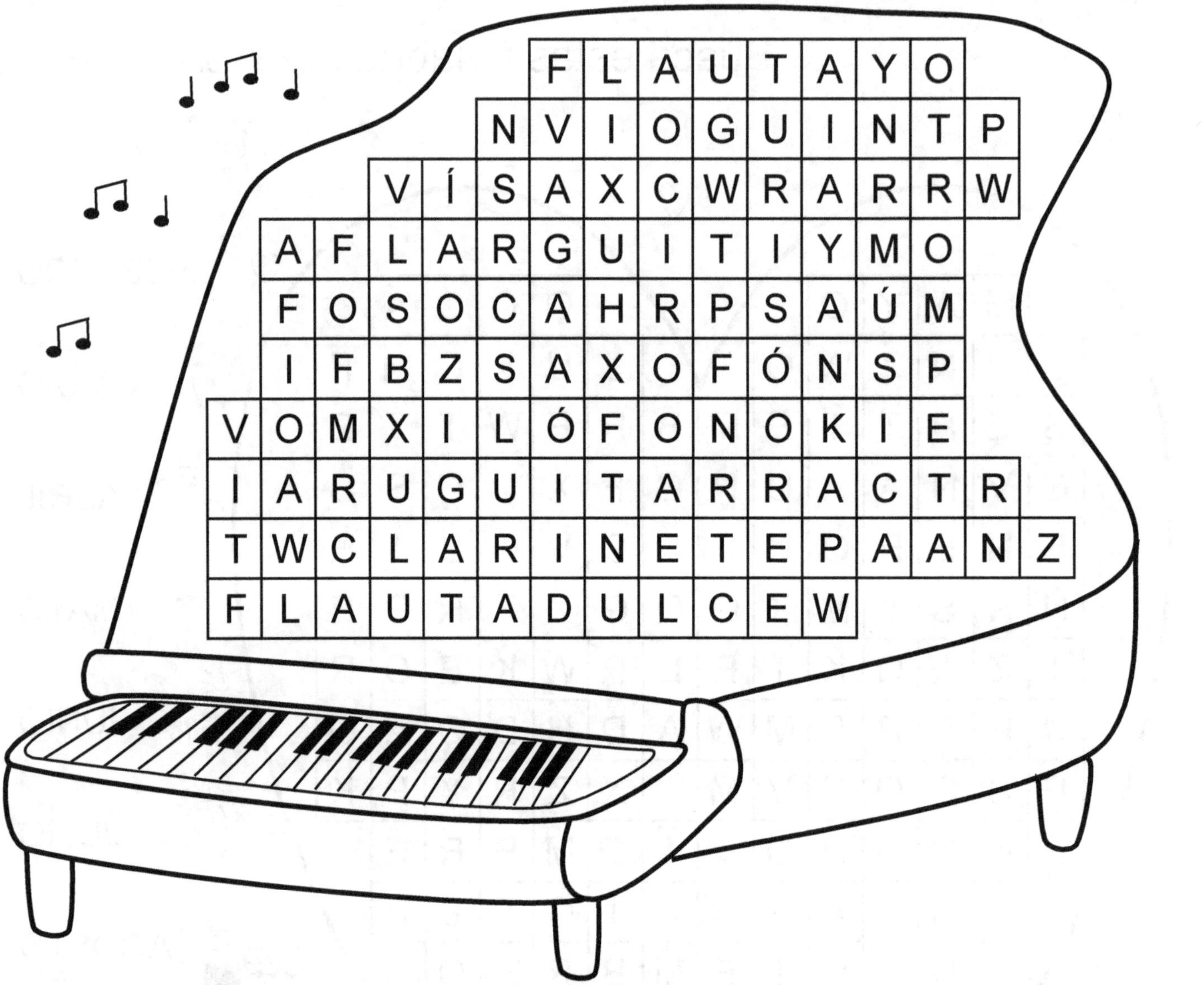

			F	L	A	U	T	A	Y	O		
			N	V	I	O	G	U	I	N	T	P
		V	Í	S	A	X	C	W	R	A	R	R	W
	A	F	L	A	R	G	U	I	T	I	Y	M	O
	F	O	S	O	C	A	H	R	P	S	A	Ú	M
	I	F	B	Z	S	A	X	O	F	Ó	N	S	P
V	O	M	X	I	L	Ó	F	O	N	O	K	I	E
I	A	R	U	G	U	I	T	A	R	R	A	C	T	R
T	W	C	L	A	R	I	N	E	T	E	P	A	A	N	Z
F	L	A	U	T	A	D	U	L	C	E	W

Busca estas palabras: (Look for these words:)

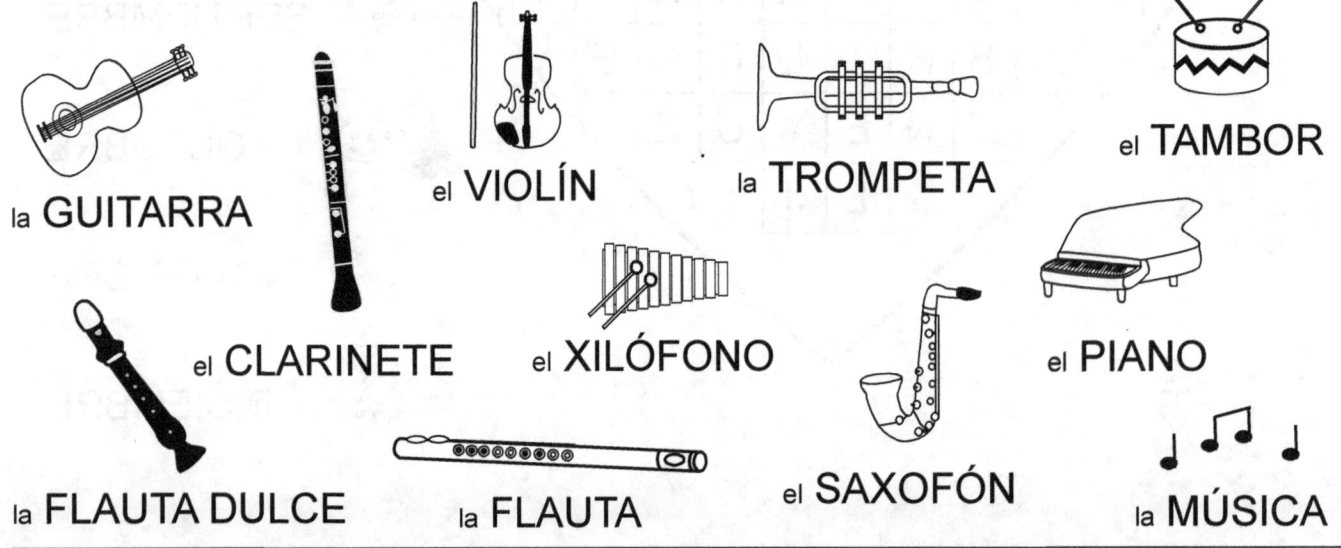

la GUITARRA el CLARINETE el VIOLÍN la TROMPETA el TAMBOR
la FLAUTA DULCE el XILÓFONO el SAXOFÓN el PIANO la FLAUTA la MÚSICA

In Spanish there are four different ways of saying our word "the" : el, la, los, las.
These words do not appear in the word searches.

Los números (numbers)

Busca estas palabras:
(Look for these words:)

- **10** DIEZ
- **20** VEINTE
- **30** TREINTA
- **40** CUARENTA
- **50** CINCUENTA
- **60** SESENTA
- **70** SETENTA
- **80** OCHENTA
- **90** NOVENTA
- **100** CIEN

	V	E	I	N	T	E	
T	R	N	C	K	A	G	C
L	P	E	C	T	T	R	S	I	V
T	I	J	B	N	O	A	E	N	C
C	E	K	E	S	T	Q	S	C	U
D	G	H	B	N	V	Z	E	U	A
T	C	Z	I	H	T	R	N	E	R
O	C	E	Q	H	N	R	T	N	E
N	R	T	B	M	M	D	A	T	N
T	M	Y	A	E	A	D	N	A	T
N	O	V	E	N	T	A	O	Z	A
	C	S	E	T	E	N	T	A	
	V	E	I	N	O	V	
		D	I	E	Z		

In Spanish there are four different ways of saying our word "the" : el, la, los, las.
These words do not appear in the word searches.

Mis pasatiempos (my hobbies)

Busca estas palabras: (Look for these words:)

BAILO
LEO
CANTO
NADO
JUEGO
PATINO
COCINO
ESCUCHO MÚSICA
HAGO KÁRATE
HAGO GIMNASIA
MONTO EN BICI

E	S	C	U	C	H	O	M	Ú	S	I	C	A
D	B	G	H	R	O	C	O	V	O	H	K	H
J	A	E	N	D	Z	N	A	E	Z	J	X	A
U	I	A	A	D	I	H	L	E	M	U	F	G
E	L	N	E	C	M	C	U	H	O	E	P	O
V	O	F	O	N	C	A	N	T	O	G	X	K
C	I	C	Z	R	M	R	U	P	K	O	B	Á
H	A	G	O	G	I	M	N	A	S	I	A	R
C	K	I	Z	K	E	A	E	R	E	G	W	A
T	M	O	N	T	O	E	N	B	I	C	I	T
P	A	T	I	N	O	Y	J	U	E	X	Z	E

In Spanish there are four different ways of saying our word "the" : el, la, los, las.
These words do not appear in the word searches.

La Pascua (Easter)

```
      P A S C U A
    C K N A Q A O W
  U Y R T A H T R F A
  L K S T D I Q E L R
  R E S I L R W T O C
  C T N L C Y E K R O
  Z E O I I K S N E R
  V P R E X T O W S D
  U E C O N E J O L E
  T A R J E T A U C R
  Y C E S F L O X O O
  C H O C O L A T E C
    D E V C O R L M
      H U E V O Q
```

Busca estas palabras: (Look for these words:)

 el CONEJO

 el CORDERO

 el POLLITO

 las FLORES

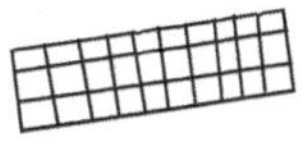

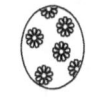 el HUEVO

 la TARJETA

 el CHOCOLATE

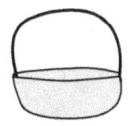 la CESTA

 la PASCUA

In Spanish there are four different ways of saying our word "the" : el, la, los, las.
These words do not appear in the word searches.

Los postres (desserts)

```
C A R A M E L O S Y A F R E S W
B N F X P R L C R B D P Q E E O
Y J L Z G E R H G A L L E T A S
O C A A O M L O K P C P O S F R
G K N U S O U C H A F R J N M S
U O C S D A V O R S X T K W A T
R R P A C H U L Y T W O R S A A
C S L Z V Z O A T E Y E E U E R
A E Z I E M W T G L B R P G H T
H T F R U T A E W M F L A E M A
```

Busca estas palabras: (Look for these words:)

la TARTA   el YOGUR   las FRESAS   el CHOCOLATE
el HELADO   la FRUTA
el PASTEL   el FLAN   las GALLETAS   los CARAMELOS

In Spanish there are four different ways of saying our word "the" : el, la, los, las.
These words do not appear in the word searches.

Los recuerdos (souvenirs)

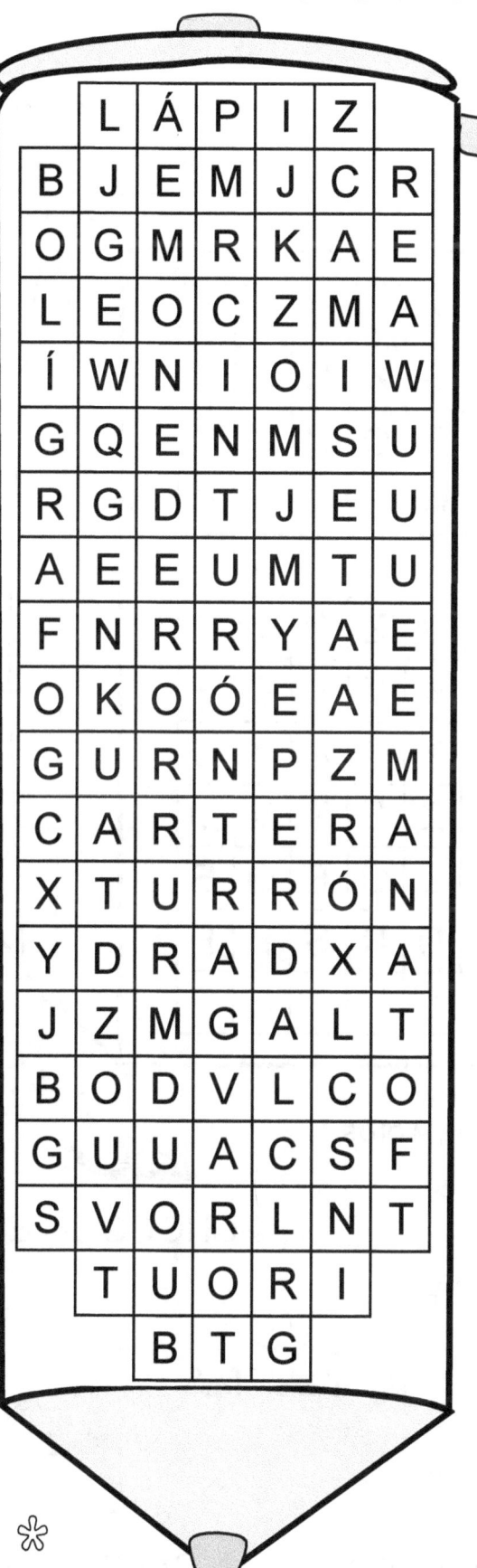

Busca estas palabras:
(Look for these words:)

 el BOLSO

 el MONEDERO

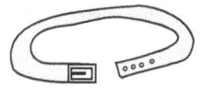 el CINTURÓN

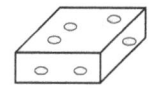 el TURRÓN

 el LÁPIZ

 el BOLÍGRAFO

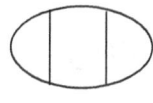 la GOMA

 la CARTERA

 la CAMISETA

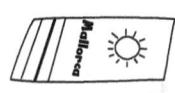 la TOALLA

In Spanish there are four different ways of saying our word "the" : el, la, los, las.
These words do not appear in the word searches.

31

Los regalos (presents)

```
B K R B U F A N D A J B M O
G A L L E T A S J S K C S P
J H K S A H Q U E F O H K Y
G I X P U E T N T W Z O V P
U Z D A I F I G O H X C J E
A I P A Z T I R N M Z O M R
N F X U E S B H J K Y L E F
T C B C E I D N N Y Q A Y U
E G L F L G J H L Z E T V M
S A Q E D R E G A L O E Q E
C M C O R B A T A D R S B F
O S I T O D E P E L U C H E
```

Busca estas palabras: (Look for these words:)

el REGALO

la CORBATA

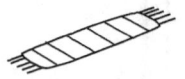
la BUFANDA

los CHOCOLATES

el LIBRO

el PERFUME

las GALLETAS

el OSITO DE PELUCHE

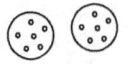
los GUANTES

los CALCETINES

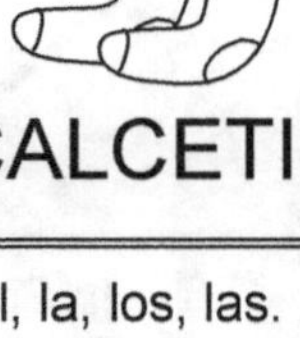

In Spanish there are four different ways of saying our word "the" : el, la, los, las.
These words do not appear in the word searches.

La ropa (clothes)

Busca estas palabras: (Look for these words:)

 el ABRIGO  el JERSEY   la FALDA  la CAMISETA

 los VAQUEROS   los PANTALONES   los PANTALONES CORTOS

 el POLO

 el VESTIDO

 los ZAPATOS

 las BOTAS

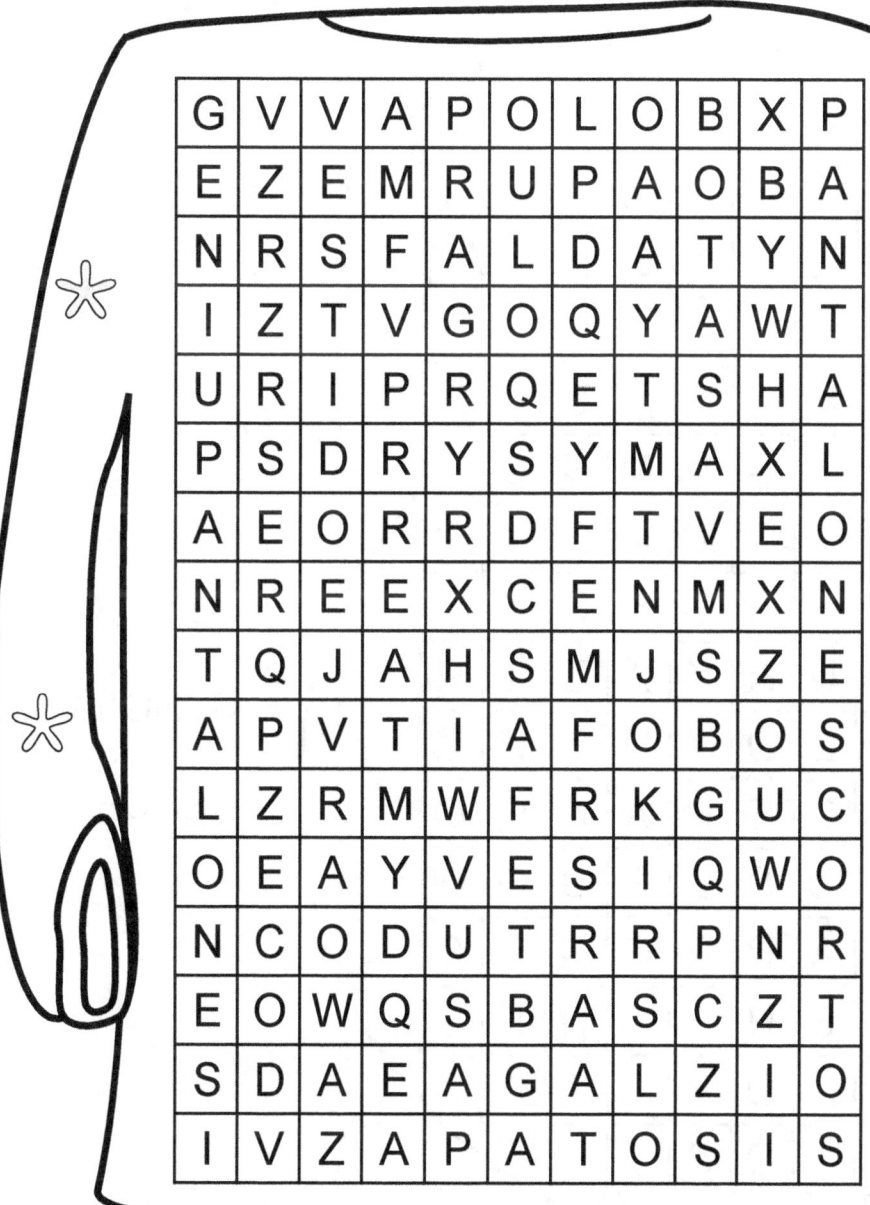

```
G V V A P O L O B X P
E Z E M R U P A O B A
N R S F A L D A T Y N
I Z T V G O Q Y A W T
U R I P R Q E T S H A
P S D R Y S Y M A X L
A E O R R D F T V E O
N R E E X C E N M X N
T Q J A H S M J S Z E
A P V T I A F O B O S
L Z R M W F R K G U C
O E A Y V E S I Q W O
N C O D U T R R P N R
E O W Q S B A S C Z T
S D A E A G A L Z I O
I V Z A P A T O S I S
```

In Spanish there are four different ways of saying our word "the" : el, la, los, las.
These words do not appear in the word searches.

Los saludos (greetings)

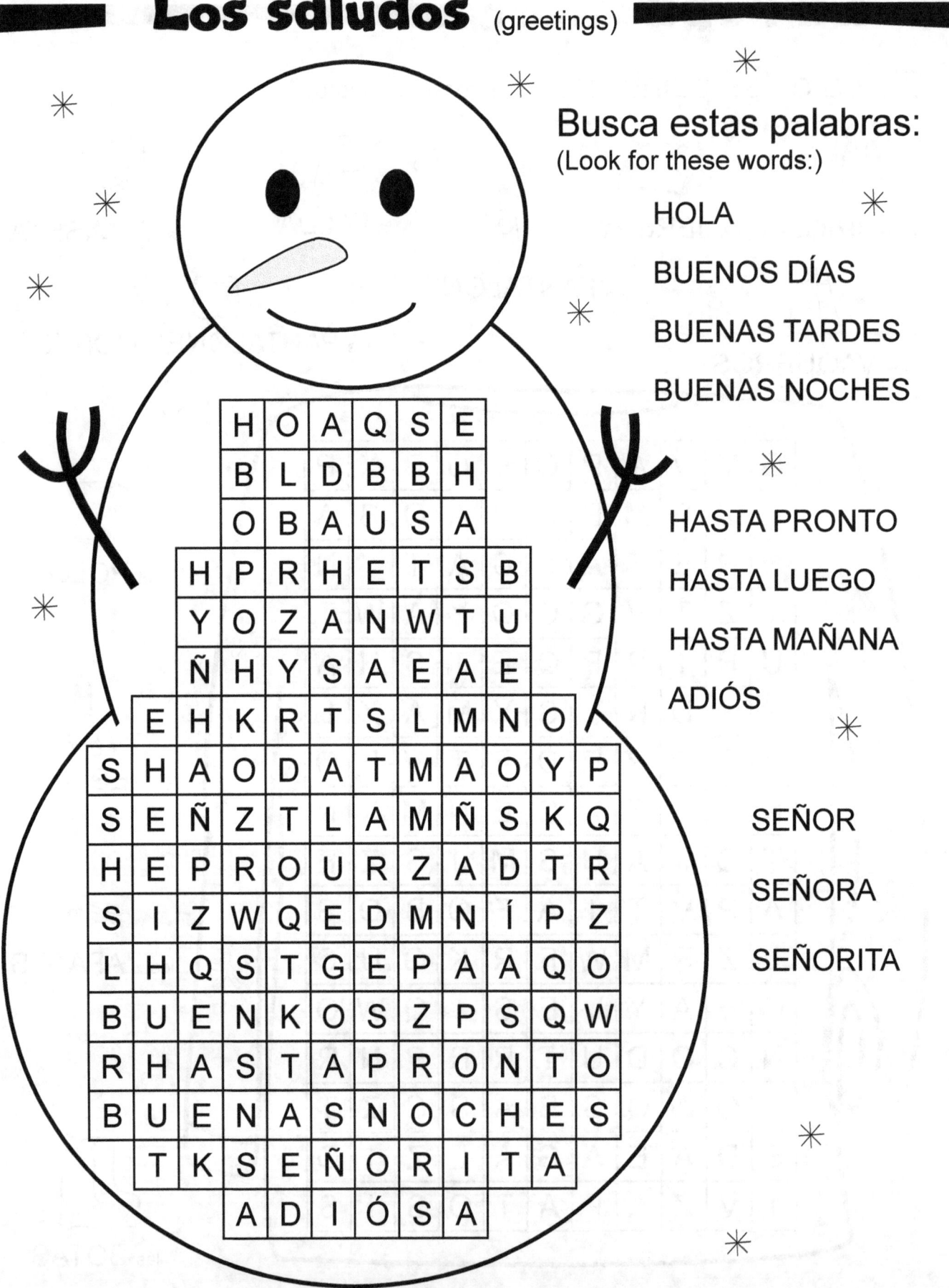

Busca estas palabras:
(Look for these words:)

HOLA

BUENOS DÍAS

BUENAS TARDES

BUENAS NOCHES

HASTA PRONTO

HASTA LUEGO

HASTA MAÑANA

ADIÓS

SEÑOR

SEÑORA

SEÑORITA

In Spanish there are four different ways of saying our word "the" : el, la, los, las. These words do not appear in the word searches.

Las tapas (tapas / bar snacks)

```
        E C K N R U P
    C N T O A C A L E M A
    S R C R P O Q B E S E N G
  J A T O R T I L L A C A L A M
  P C E N S A L C A L T A K T M I P
  E M P A N A D I L L A D E N B S A
  P C A L A M A R E S O C R A F
    E N S A L A D A R U S A S
    T O C R O Q U E T A S
        B E R E N J E N A
```

Busca estas palabras: (Look for these words:)

el PESCADO
la TORTILLA
la CARNE
el PAN
las CROQUETAS
la BERENJENA
las GAMBAS
la ENSALADA RUSA
la EMPANADILLA
los CALAMARES

In Spanish there are four different ways of saying our word "the" : el, la, los, las.
These words do not appear in the word searches.

El tiempo (the weather)

			T	I	E				T	O	R		
		F	C	A	L	O	R	N	I	E	L	B	
	V	O	R	G	R	Q	N	U	B	C	O	R	G	R	A
	N	I	Q	E	Q	A	P	G	R	S	B	I	N	T	N
V	I	O	V	K	I	W	J	R	T	R	N	O	U	I	V	I
Q	W	E	G	V	H	V	K	A	U	F	H	I	B	V	B	M
K	I	Q	U	S	A	G	O	N	V	R	R	E	E	T	N	K
N	W	L	P	L	U	W	Z	I	U	Í	Y	B	S	E	I	I
A	L	S	R	T	P	H	T	Z	Y	O	T	R	W	R	E	E
T	I	E	M	P	O	M	Q	O	W	Z	G	R	Q	M	B	M
	W	P	N	T	O	R	M	E	N	T	A	C	A	V	L
	L	L	U	G	R	A	N	U	V	I	E	N	E	I	A
		T	I	V	I	E	N	T	O	N	I	E		
			G	R	A				S	N	T		

Busca estas palabras: (Look for these words:)

 el TIEMPO    el SOL    el VIENTO      la NIEVE

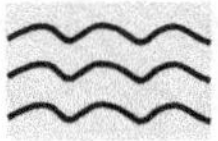

 0 c el FRÍO   **30 c** el CALOR    la NIEBLA

 el GRANIZO   la LLUVIA    la TORMENTA     las NUBES

In Spanish there are four different ways of saying our word "the" : el, la, los, las.
These words do not appear in the word searches.

El transporte (transport)

Busca estas palabras: (Look for these words:)

- el COCHE
- el BARCO
- el AUTOBÚS
- el AVIÓN
- el TREN
- la MOTO
- el COHETE
- la BICICLETA
- la NAVE ESPACIAL
- el TRANSPORTE

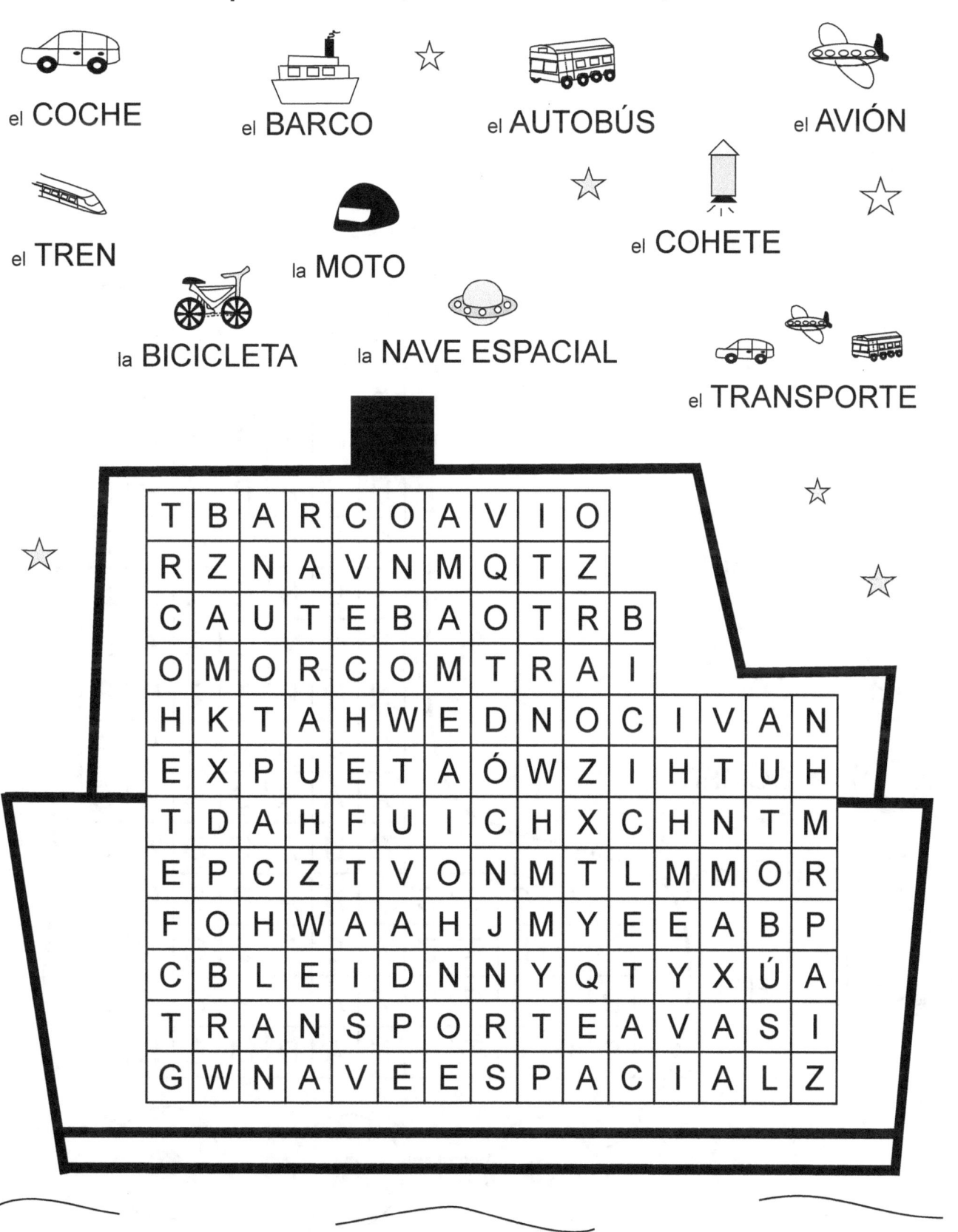

T	B	A	R	C	O	A	V	I	O			
R	Z	N	A	V	N	M	Q	T	Z			
C	A	U	T	E	B	A	O	T	R	B		
O	M	O	R	C	O	M	T	R	A	I		
H	K	T	A	H	W	E	D	N	O	C	I	V	A	N
E	X	P	U	E	T	A	Ó	W	Z	I	H	T	U	H
T	D	A	H	F	U	I	C	H	X	C	H	N	T	M
E	P	C	Z	T	V	O	N	M	T	L	M	M	O	R
F	O	H	W	A	A	H	J	M	Y	E	E	A	B	P
C	B	L	E	I	D	N	N	Y	Q	T	Y	X	Ú	A
T	R	A	N	S	P	O	R	T	E	A	V	A	S	I
G	W	N	A	V	E	E	S	P	A	C	I	A	L	Z

In Spanish there are four different ways of saying our word "the" : el, la, los, las.
These words do not appear in the word searches.

Los verbos (verbs)

Busca estas palabras: (Look for these words:)

- NADAR
- BAILAR
- CANTAR
- PATINAR
- JUGAR
- HABLAR
- COCINAR
- COMER
- BEBER
- LEER

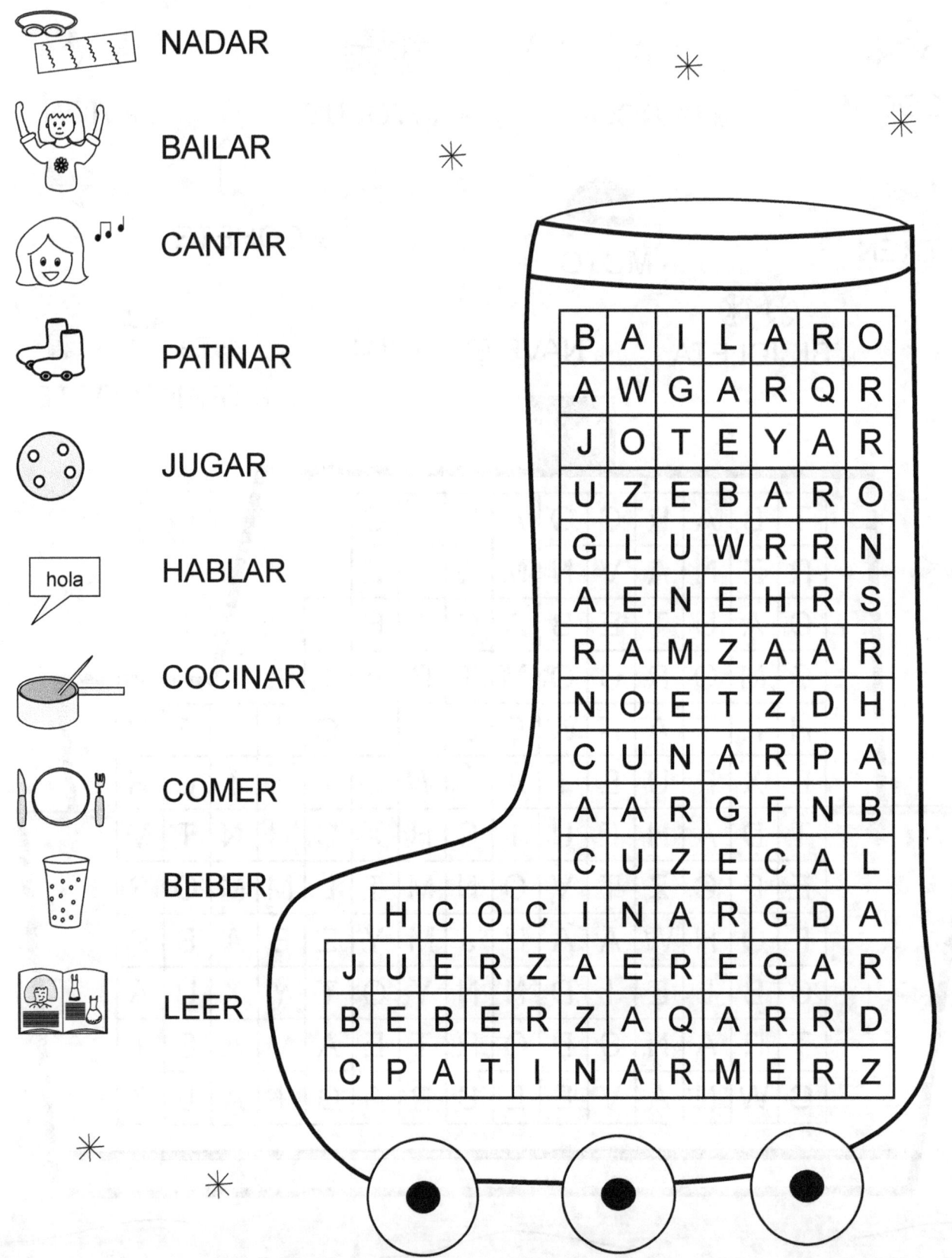

B	A	I	L	A	R	O
A	W	G	A	R	Q	R
J	O	T	E	Y	A	R
U	Z	E	B	A	R	O
G	L	U	W	R	R	N
A	E	N	E	H	R	S
R	A	M	Z	A	A	R
N	O	E	T	Z	D	H
C	U	N	A	R	P	A
A	A	R	G	F	N	B
C	U	Z	E	C	A	L

H	C	O	C	I	N	A	R	G	D	A
J	U	E	R	Z	A	E	R	E	G	A	R
B	E	B	E	R	Z	A	Q	A	R	R	D
C	P	A	T	I	N	A	R	M	E	R	Z

In Spanish there are four different ways of saying our word "the" : el, la, los, las. These words do not appear in the word searches.

Las verduras (vegetables)

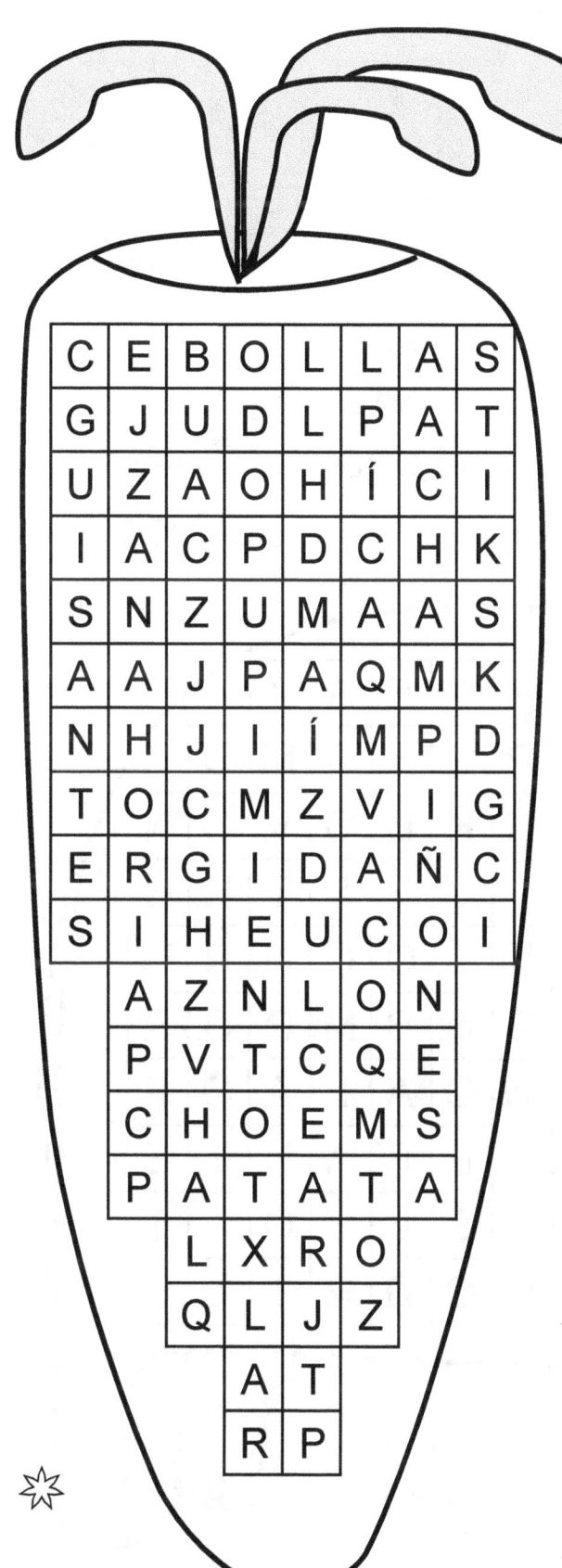

Busca estas palabras:
(Look for these words:)

 la ZANAHORIA

 la CEBOLLA

 la PATATA

 el PIMIENTO

 el COL

 el AJO

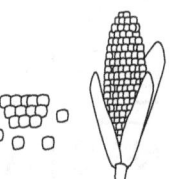 el MAÍZ DULCE

 las JUDÍAS

 los GUISANTES

 los CHAMPIÑONES

In Spanish there are four different ways of saying our word "the" : el, la, los, las.
These words do not appear in the word searches.

El zoo (the zoo)

Busca estas palabras: (Look for these words:)

la JIRAFA   el LEÓN   el ELEFANTE   el MONO

el TIGRE   la SERPIENTE   el LORO

el OSO   el HIPOPÓTAMO   el COCODRILO

S	E	L	J	I	R	A	F	A	Z
E	H	I	P	O	P	Ó	T	A	M	O
R	Ó	Q	E	J	N	K	B	O	V	Ó	N
P	K	T	W	Ó	Y	M	E	S	T	R	O
I	W	A	E	C	K	O	Q	O	N	R	M
E	T	L	O	E	Q	N	B	M	O	D	R
N	S	A	R	J	W	O	A	L	A	Ó	P
T	I	G	K	E	L	E	F	A	N	T	E
E	I	J	Ó	L	H	S	L	E	Ó	I	I
T	Q	W	C	O	C	O	D	R	I	L	O

In Spanish there are four different ways of saying our word "the" : el, la, los, las.
These words do not appear in the word searches.

Spanish - English word lists

Las asignaturas (school subjects)

el español	Spanish
el dibujo	art
el deporte	sport
el inglés	English
la historia	history
la música	music
la geografía	geography
la informática	I.T.
la religión	religious education
las ciencias	science
las matemáticas	maths

Las bebidas (drinks)

la limonada	lemonade
la coca-cola	Coca-cola
el agua	water
con gas	fizzy
sin gas	still
la leche	milk
el zumo de naranja	orange juice
el zumo de manzana	apple juice
el café	coffee
el té	tea
grande	big
pequeño	small

Los bocadillos (sandwiches)

el pollo	chicken
el queso	cheese
el lomo	loin (usually pork)
el tomate	tomato
la ensalada	salad
el jamón Serano	Serano ham
el jamón de York	ham
el bocadillo	sandwich
la mantequilla	butter
la tortilla	omelette

La cabeza (the head)

la cabeza	the head
la nariz	the nose
la oreja	the ear
la boca	the mouth
la lengua	the tongue
el pelo	the hair
los ojos	the eyes
los labios	the lips
los dientes	the teeth

El camping (the campsite)

el agua	the water
el río	the river
el camping	the campsite
el supermercado	the supermarket
la granja	the farm
la caravana	the caravan
la tienda de campaña	the tent
la piscina	the swimming pool
las duchas	the showers
los servicios	the toilets

La casa (the house)

la casa	the house
la cocina	the kitchen
el piso	the flat
el salón	the living room
el comedor	the dining room
el dormitorio	the bedroom
el balcón	the balcony
el garaje	the garage
el jardín	the garden
el cuarto de baño	the bathroom

La ciudad (the town/city)

el banco	the bank
el parque	the park
el museo	the museum
el hotel	the hotel
el supermercado	the supermarket
el restaurante	the restaurant
el castillo	the castle
la cafetería	the cafe
la piscina	the swimming pool
la playa	the beach

Los colores (colours)

rojo	red
azul	blue
verde	green
amarillo	yellow
negro	black
blanco	white
lila	lilac
rosa	pink
gris	grey
marrón	brown
naranja	orange

La comida (food)

el pollo	chicken
el pescado	fish
el queso	cheese
el pan	bread
el arroz	rice
la pasta	pasta
la carne	meat
la ensalada	salad
las salchichas	sausages
las verduras	vegetables
las patatas	potatoes
las patatas fritas	chips

El cuerpo (the body)

el brazo	the arm
el tobillo	the ankle
el pie	the foot
el cuello	the neck
el estómago	the stomach
la mano	the hand
la cabeza	the head
la pierna	the leg
la rodilla	the knee

Mi cumpleaños (my birthday)

la fiesta	the party
la música	the music
la pizza	the pizza
la tarta	the cake
la tarjeta	the card
los globos	the balloons
los regalos	the presents
los caramelos	the sweets
las patatas fritas	the crisps

El deporte (sport)

el ping-pong	ping-pong
el fútbol	football
el tenis	tennis
el rugby	rugby
el baloncesto	basket ball
el bádminton	badminton
el mini-golf	mini-golf
el ciclismo	cycling
la natación	swimming

Los días de la semana (days of the week)

lunes	Monday
martes	Tuesday
miércoles	Wednesday
jueves	Thursday
viernes	Friday
sábado	Saturday
domingo	Sunday
el día	the day
la semana	the week

El estuche (the pencil case)

el lápiz	the pencil
el estuche	the pencil case
el bolígrafo	the pen
el sacapuntas	the sharpener
el pegamento	the glue
la regla	the ruler
la goma	the rubber
las tijeras	the scissors
los rotuladores	the felt tip pens

La familia (the family)

el abuelo	the grandfather
el padre	the father
el hermano	the brother
el tío	the uncle
el primo	the cousin (m)
la abuela	the grandmother
la madre	the mother
la hermana	the sister
la tía	the aunty
la prima	the cousin (f)

La fruta (fruit)

el limón	the lemon
el melón	the melon
el kiwi	the kiwi
el plátano	the banana
la pera	the pear
la naranja	the orange
la manzana	the apple
la uva	the grape
la fresa	the strawberry
la cereza	the cherry

La granja (the farm)

el cerdo	the pig
el gallo	the cockerel
el pollo	the hen
el pollito	the chick
el caballo	the horse
el pato	the duck
el toro	the bull
la vaca	the cow
la oveja	the sheep

Los helados (ice creams)

fresa	strawberry
limón	lemon
café	coffee
coco	coconut
menta	mint
vainilla	vanilla
chocolate	chocolate
caramelo	caramel
plátano	banana

La hora (the time)

a la una	at one o'clock
a las dos	at two o'clock
a las tres	at three o'clock
a las cuatro	at four o'clock
a las cinco	at five o'clock
a las seis	at six o'clock
a las siete	at seven o'clock
a las ocho	at eight o'clock
a las nueve	at nine o'clock
a las diez	at ten o'clock
a las once	at eleven o'clock
a las doce	at twelve o'clock
y cuarto	quarter past
y media	half past

El hotel (the hotel)

el hotel	the hotel
el ascensor	the lift
el restaurante	the restaurant
la llave	the key
la piscina	the swimming pool
la recepción	the reception
la habitación	the bedroom
las duchas	the showers
las escaleras	the stairs
los servicios	the toilets

El jardín (the garden)

el árbol	the tree
el sol	the sun
el balón	the ball
el pájaro	the bird
la fruta	the fruit
la nube	the cloud
la mariposa	the butterfly
las flores	the flowers
las verduras	the vegetables

Los juguetes (toys)

el balón	the ball
el coche	the car
el barco	the boat
el tren	the train
el dado	the dice
el robot	the robot
el osito de peluche	the teddy bear
la muñeca	the doll
las cartas	the cards

Al mar (at the seaside)

el mar	the sea
el castillo de arena	the sand castle
el helado	the ice cream
el balón	the ball
el sol	the sun
la sombrilla	the sun umbrella
la bandera	the flag
la concha	the shell
la palmera	the palm tree
la arena	the sand

Las mascotas (pets)

el gato	the cat
el pez	the fish
el conejo	the rabbit
el caballo	the horse
el pájaro	the bird
el perro	the dog
el hámster	the hamster
el ratón	the mouse
la tortuga	the tortoise
la serpiente	the snake

Los meses (the months)
enero	January
febrero	February
marzo	March
abril	April
mayo	May
junio	June
julio	July
agosto	August
septiembre	September
octubre	October
noviembre	November
diciembre	December

La música (music)
el piano	the piano
el tambor	the drum
el violín	the violin
el saxofón	the saxophone
el xilófono	the xylophone
el clarinete	the clarinet
la flauta	the flute
la guitarra	the guitar
la trompeta	the trumpet
la flauta dulce	the recorder

Los números (numbers)
diez	ten
veinte	twenty
treinta	thirty
cuarenta	forty
cincuenta	fifty
sesenta	sixty
setenta	seventy
ochenta	eighty
noventa	ninety
cien	one hundred

Mis pasatiempos (my hobbies)
leo	I read
nado	I swim
canto	I sing
bailo	I dance
juego	I play
patino	I skate
cocino	I cook
hago kárate	I do karate
hago gimnasia	I do gymnastics
escucho música	I listen to music
monto en bici	I ride a bike

La Pascua (Easter)
el conejo	the rabbit
el huevo	the egg
el pollito	the chick
el cordero	the lamb
el chocolate	the chocolate
la cesta	the basket
la tarjeta	the card
las flores	the flowers

Los postres (desserts)
el helado	the ice-cream
el chocolate	the chocolate
el flan	the crème caramel
el yogur	the yogurt
el pastel	the small cake
la tarta	the gâteau / cake
la fruta	the fruit
las fresas	the strawberries
las galletas	the biscuits
los caramelos	the sweets

Los recuerdos (souvenirs)
el bolso	the handbag
el monedero	the purse
el turrón	the nougat
el cinturón	the belt
el lápiz	the pencil
el bolígrafo	the pen
la goma	the rubber
la cartera	the wallet
la toalla	the towel
la camiseta	the t-shirt

Los regalos (presents)
el regalo	the present
el libro	the book
el perfume	the perfume
el osito de peluche	the teddy bear
la corbata	the tie
la bufanda	the scarf
los guantes	the gloves
los calcetines	the socks
los chocolates	the chocolates
las galletas	the biscuits

La ropa (the clothes)

el vestido	the dress
el jersey	the jumper
el abrigo	the coat
el polo	the polo shirt
la camiseta	the t-shirt
la falda	the skirt
los vaqueros	the jeans
los pantalones	the trousers
los pantalones cortos	the shorts
los zapatos	the shoes
las botas	the boots

Los saludos (greetings)

Hola	Hello
Buenos días	Good morning
Buenas tardes	Good afternoon
Buenas noches	Good night
Hasta pronto	See you soon
Hasta luego	See you
Hasta mañana	See you tomorrow
Adiós	Goodbye
señor	sir
señora	madam
señorita	miss

Las tapas (tapas / bar snacks)

el pescado	the fish
el pan	the bread
la carne	the meat
la tortilla	the omelette
la empanadilla	the little pasty
la ensalada rusa	the Russian salad
la berenjena	the aubergine
las gambas	the prawns
las croquetas	the croquettes
los calamares	the squid

El tiempo (the weather)

el sol	the sun
el calor	the heat
el frío	the cold
el viento	the wind
el granizo	the hail
la lluvia	the rain
la nieve	the snow
la tormenta	the storm
la niebla	the fog
las nubes	the clouds

El transporte (transport)

el tren	the train
el coche	the car
el barco	the boat
el avión	the plane
el autobús	the bus
el cohete	the rocket
la moto	the motorbike
la bicicleta	the bike
la nave espacial	the spaceship

Los verbos (verbs)

bailar	to dance
nadar	to swim
cantar	to sing
leer	to read
patinar	to skate
jugar	to play
hablar	to speak
cocinar	to cook
comer	to eat
beber	to drink

Las verduras (vegetables)

el ajo	the garlic
el col	the cabbage
el pimiento	the pepper
el maíz dulce	the sweet corn
la patata	the potato
la cebolla	the onion
la zanahoria	the carrot
las judías	the beans
los guisantes	the peas
los champiñones	the mushrooms

El zoo (the zoo)

el oso	the bear
el loro	the parrot
el mono	the monkey
el león	the lion
el tigre	the tiger
el elefante	the elephant
el cocodrilo	the crocodile
el hipopótamo	the hippopotamus
la jirafa	the giraffe
la serpiente	the snake

Answers

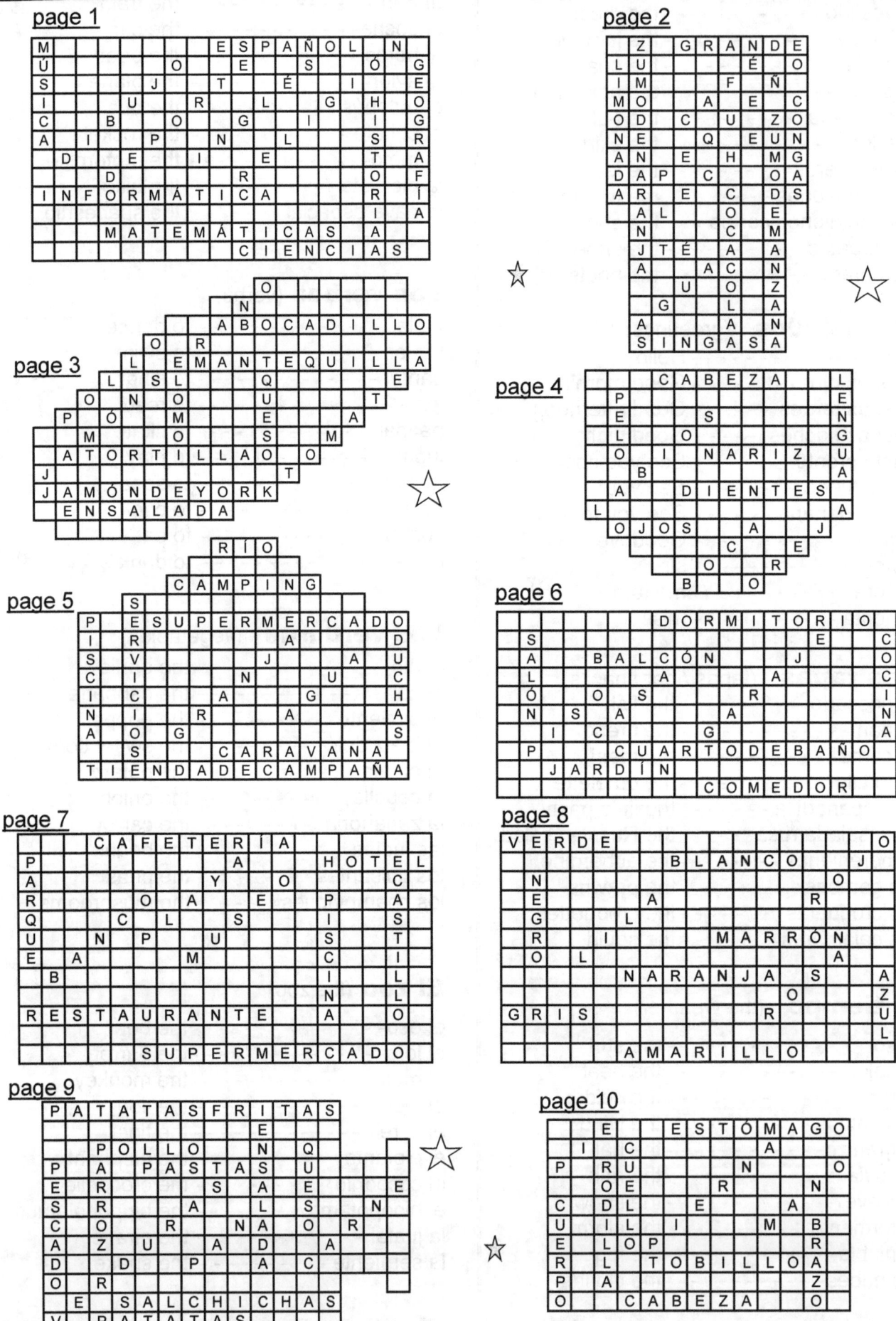

Answer Key

page 11
Crossword containing: CARAMELOS, PATATAS FRITAS, CUMPLEAÑOS, TARJETA, REGALOS, CUMPLEAÑOS, MÚSICA, AMIGOS, PASTEL, PIZZA, etc.

page 12
Crossword containing sports: BALONCESTO, PING PONG, CICLISMO, BÁDMINTON, FÚTBOL, GOLF, NATACIÓN, TENIS, RUGBY, MINIGOLF, YUDO, ESQUÍ.

page 13
Crossword containing days: SEMANA, LUNES, MARTES, MIÉRCOLES, JUEVES, VIERNES, SÁBADO, DOMINGO.

page 14
Crossword containing school items: PEGAMENTO, SACAPUNTAS, BOLÍGRAFO, ROTULADORES, LÁPIZ, REGLA, GOMA, TIJERAS, ESTUCHE, MOCHILA, CUADERNO, LIBRO.

page 15
Crossword containing family members: FAMILIA, MADRE, PADRE, ABUELA, ABUELO, TÍA, TÍO, HERMANA, HERMANO, PRIMA, PRIMO, HIJA.

page 16
Crossword containing fruits: FRESA, KIWI, NARANJA, MANZANA, PLÁTANO, PERA, MELÓN, LIMÓN, UVA, CIRUELA, MELOCOTÓN.

page 17
Crossword containing animals: GALLINA, OVEJA, POLLO, POLLITO, VACA, TORO, CERDO, CABALLO, PATO, OCA, GATO, GALLO.

page 18
Crossword containing: HELADOS, CARAMELO, PLÁTANO, FRESA, CHOCOLATE, CHICLE, LIMÓN, VAINILLA, CAFÉ, MENTA, NATA.

page 19
Crossword containing numbers: UNA, DOS, TRES, CUATRO, CINCO, SEIS, SIETE, OCHO, NUEVE, DIEZ, CUARTO, Y MEDIA.

page 20
Crossword containing hotel words: HOTEL, ESCALERAS, RECEPCIÓN, RESTAURANTE, SERVICIOS, HABITACIÓN, PISCINA, ASCENSOR, etc.

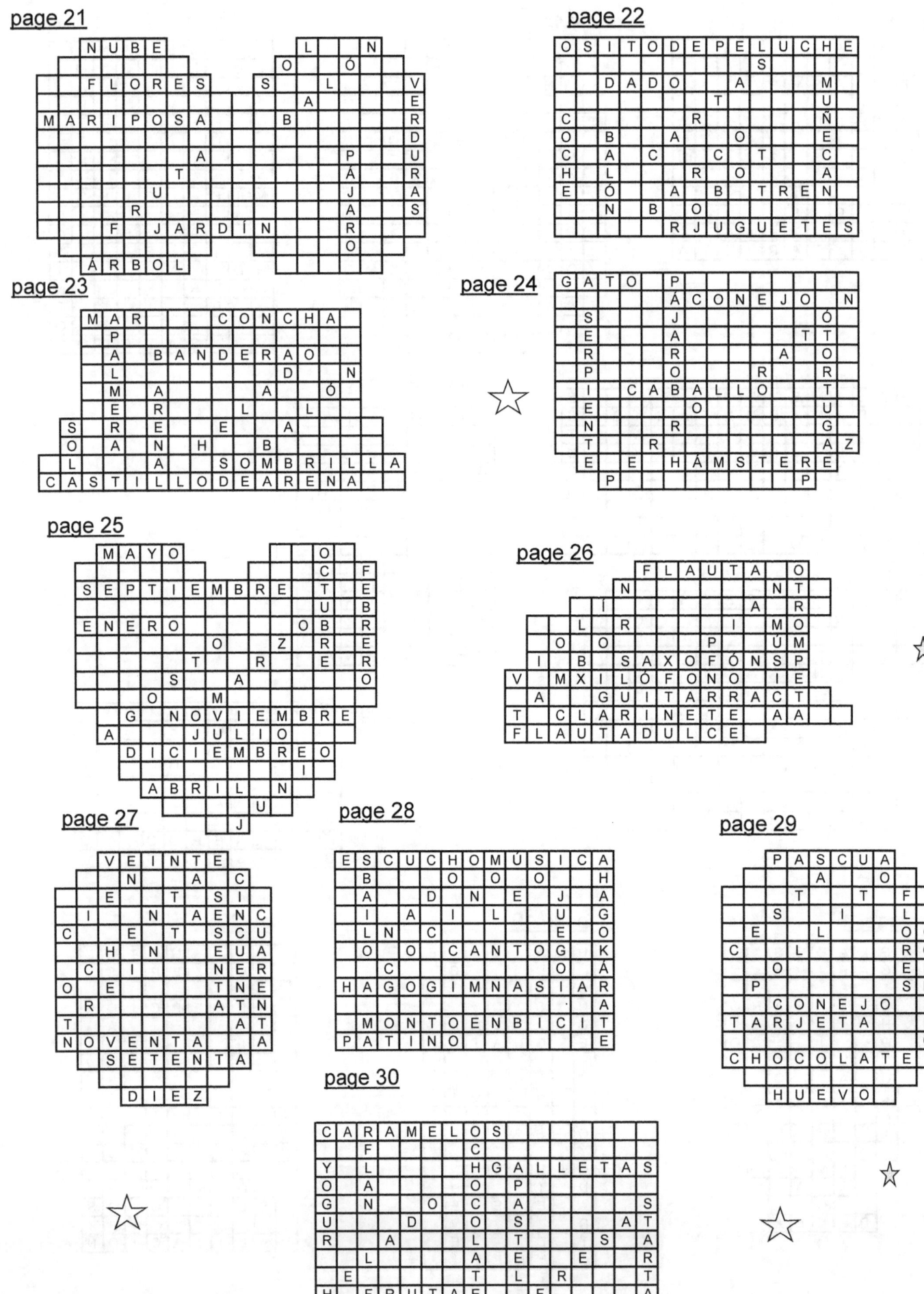

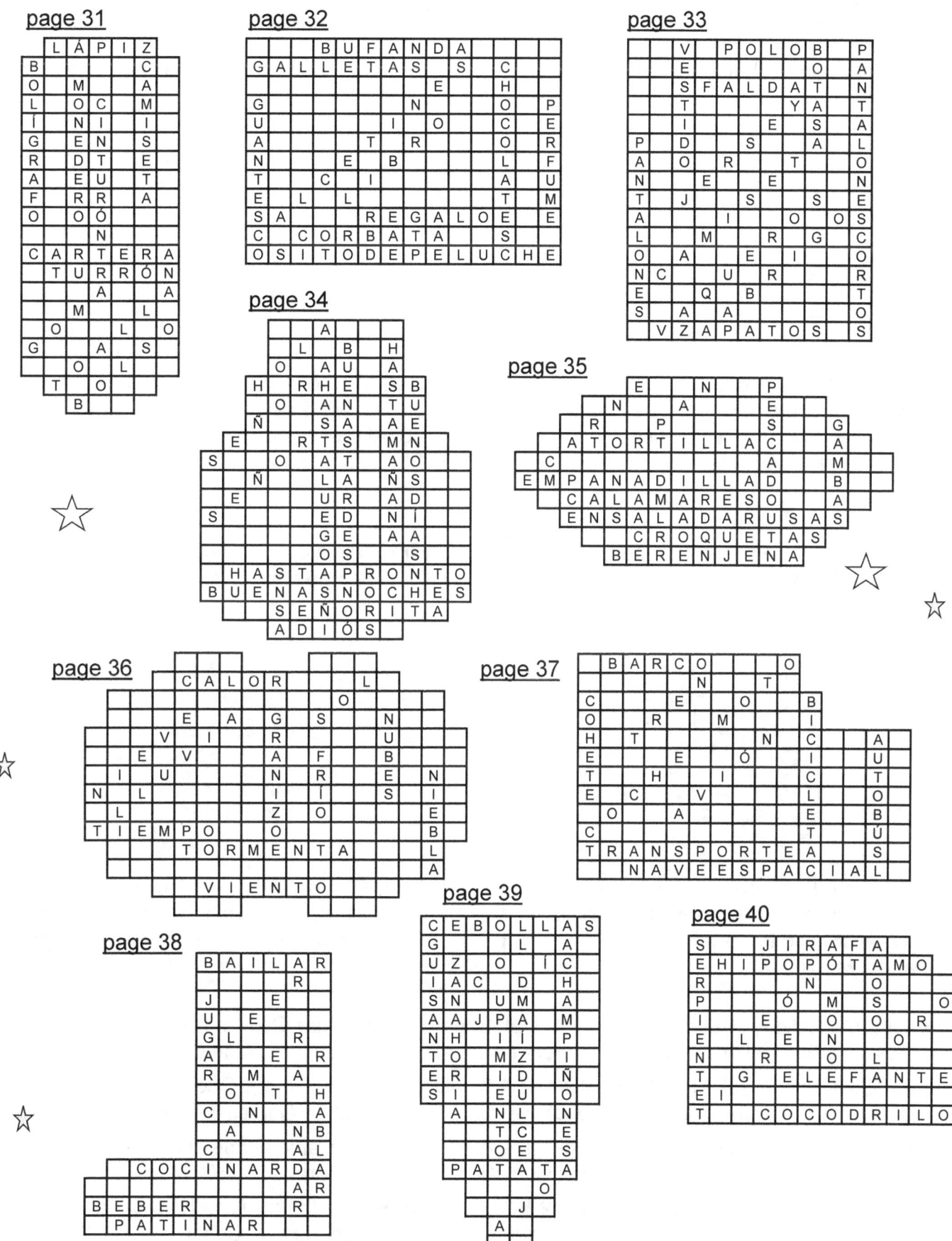

There also also the following great books available by Joanne Leyland:

Cool Kids Speak Spanish - Books 1, 2 & 3

The 6 great topics in each book start with an introductory picture page with the Spanish words. These words are practised and then sentences are made. With 6 word searches.

Spanish at Christmas time

Bursting with fun Christmas themed activity pages, word searches, colour by number, board games and Christmas cards to make. Photocopiable for class or home use.

Photocopiable Games For Teaching Spanish

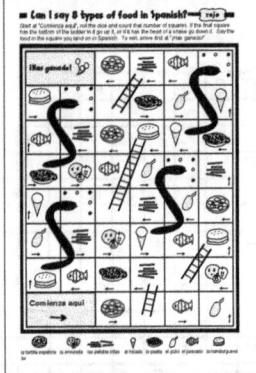

Differentiated activities for children of various abilities. The games are colour coded according to the amount of Spanish words in each game.

First 100 Words In Spanish Coloring Book Cool Kids Speak Spanish

The 100 Spanish words include a dragon, a dinosaur, some food, transport, animals, toys and clothes. The 30 delightful pages all have borders and are single sided.

Spanish: On Holiday In Spain Cool Kids Speak Spanish / Cool Kids Do Maths In Spanish
Seis Mascotas Maravillosas / Un Extraterrestre En La Tierra / El Mono Que Cambia De Color

French: Cool Kids Speak French - Books 1, 2 & 3 / On Holiday In France Cool Kids Speak French
40 French Word Searches Cool Kids Speak French / Photocopiable Games For Teaching French

German: Cool Kids Speak German - Books 1, 2 & 3 / Photocopiable Games For Teaching German
First 100 Words In German Coloring Book Cool Kids Speak German / German Word Games

Italian: Cool Kids Speak Italian - Books 1, 2 & 3 / On Holiday In Italy Cool Kids Speak Italian
Italian Word Games / First 100 Words In Italian Coloring Book Cool Kids Speak Italian

For more information about learning Spanish and the great books by Joanne Leyland go to
https://funspanishforkids.com

For information about learning French, Spanish, German, Italian or English as a foreign language go to
https://learnforeignwords.com

www.ingramcontent.com/pod-product-compliance
Lightning Source LLC
Chambersburg PA
CBHW081356080526
44588CB00016B/2517